민족과 국가를 위해 살다 간 지도자
김 구

민족과 국가를 위해
살다 간 지도자

김 구

| 한시준 지음 |

나는 내가 못난 줄 알고 있다. 그러나 아무리 못났더라도 국민의 하나, 민족의 하나라는 사실을 믿음으로, 내가 할 수 있는 일을 쉬지 않고 해 온 것이다. 이것이 내 생애요, 내 생애의 기록이 이 책이다.

이는 백범 김구가 1947년에 그의 자서전 『백범일지』를 출간하면서 한 말이다. 백범은 '국민의 하나, 민족의 하나'라는 사실을 믿고 있었다. 자신은 나라의 한 국민이고, 민족 구성원의 하나라는 점을 믿고 있었던 것이다. 그리고 국민의 한 사람이자 민족 구성원의 하나로서, 국가와 민족을 위해 자신이 할 수 있는 일을 쉬지 않고 해 왔다고 하였다.

백범이 살았던 삶의 행적을 전체적으로 조망할 때, 누구나 쉽게 찾을 수 있는 핵심어가 있다. 바로 '민족'과 '국가'이다. 백범의 삶을 들여다보면, 그가 '민족'과 '국가'를 일평생 가슴에 안고 있었던 것을 발견하게 된다. 백범은 자기 자신과 가족보다도 '민족'과 '국가'를 우선시하였다. 그리고 자신을 희생하면서, 또 가족의 삶을 돌보기보다는 '민족'과 '국가'를 위한 삶을 살았다.

백범은 '민족'과 '국가'에 대한 교육을 받은 일이 없다. 이론적으로 터득한 것도 아니었다. 자신의 삶 속에서 스스로 깨우쳤다. 실천적 행동을 통해 '민족'과 '국가'를 가슴으로 체득하였고, 자신의 삶 전체를 가슴이 시키는 대로 살았다. 많은 독자들이 『백범일지』를 읽고 감명을 받는 것은 이 때문이다. 백범은 머리로 계산하는 삶이 아니라 가슴에서 우러나오는 삶을 살았다.

백범에 대한 이해는 『백범일지』가 중요한 전거典據가 되고 있다. 물론 『백범일지』는 백범이 기록한 것으로 그를 이해하는 데 있어 매우 중요한 자료이다. 그렇지만 『백범일지』로 인해 그에 대한 이해가 개인적인 삶의 모습이나 이야깃거리로 이해되는 경향이 없지 않다.

이 책은 물론 백범의 개인적인 삶의 모습을 언급하기도 하지만, '민족'과 '국가'를 가슴에 안고 살았던 지도자로서의 모습을 드러내고자 하는 데 중점을 두었다. 백범은 상민 신분의 빈한貧寒한 가정에서 태어나 대한민국 임시정부의 주석이 되었던 인물이다. 그리고 독립운동의 상징적 인물이자 민족의 큰 스승으로 평가받기도 한다. 이러한 예는 한민족의 반만년 역사에서 쉽게 찾아보기 어려운 경우가 아닐까 한다.

그리고 독립운동 지도자로서 백범에 대한 이해를 명확하게 밝히려는 의도도 있다. 흔히 백범에 대해 현실적인 면에 어두운 지도자라거나 이상적 지도자로 이해하는 경우가 적지 않다. 독립운동가는 본래 이상주의자다. 독립운동가들은 남들이 모두 '불가능하다'고 하는 것을 '가능하다'고 믿고 행동했던 사람들이다. 독립운동은 한반도와 동아시아 전체를 점령하고 세계 최강대국인 미국과 전쟁을 일으켜 세계제패를 노리던 일본을 상대로 한 것이었다.

객관적으로 보면, 한민족이 일본을 패망시키고 독립을 쟁취한다는 것은 불가능한 일이었다. 독립운동을 '계란으로 바위치기'에 비유하는 것도 이 때문이다. 현실적으로, 또 과학적으로 보면, 계란을 가지고 바위를 부수는 것은 불가능한 일이다. 지식인들 중에 많은 인사들이 일제에 협력하는 길로 들어섰던 것도 이와 무관하지 않다. 그렇지만 독립운동가들은 '불가능하다'고 하는 것을 '가능하다'고 믿고, 계란을 가지고 바위를 부수려 하였다. 결국 바위는 부서졌고, 독립을 쟁취하였다. 이상이 현실이 된 것이었다.

또한, 백범을 민족의 차원을 넘어 세계적인 지도자로 이해해야 한다는 의도도 있다. 독립운동은 단순히 일제를 상대로 한 것만이 아니었다. 인류의 자유와 평화를 짓밟는 제국주의를 상대로 인류의 보편적 가치를 되찾기 위한 투쟁이 독립운동이기도 했다. 백범의 꿈은 독립을 쟁취하는 데만 한정되지 않았다. 독립을 쟁취하여 자주독립국가·통일국가·문화국가를 건설하고자 하였고, 궁극적으로는 세계평화를 실현하고자 하였다. 백범은 꿈만 갖거나 주장만 한 것이 아니었다. 그에 대한 구체적인 방안도 제시하였다.

　이 책은 단순히 백범의 개인적인 삶만 정리한 것이 아니다. 백범이 갖고 있는 지도자로서의 모습을 드러내 보이고자 하였다. 지도자에는 여러 유형이 있다. 현실적인 지도자가 있고, 이상적인 지도자가 있다. 또 '머리'로 계산하는 지도자가 있고, '가슴'으로 행동하는 지도자가 있다. 백범은 어떠한 유형의 지도자였을까?

2015년 12월 죽전에서

한시준

● 자주독립국가 건설과 통일운동

몸으로 깨우친 민족과 국가,
그리고 구국운동

상놈 신분으로 태어나다

1876년 7월 11일, 양력으로는 8월 29일. 이날 황해도 해주의 백운방 텃골에서 보기 드문 풍경이 벌어졌다. 소의 길마를 등에 진 한 청년이 지붕 위에 올라가 소 울음소리를 내고 있었다. 김순영金淳永이라는 청년이었다. 그가 지붕 위에 올라간 데는 이유가 있었다. 아내가 일주일째 산통을 겪으며 사경을 헤매자, 예부터 내려오는 풍습대로 소의 길마를 등에 지고 지붕에 올라가 소 울음소리를 낸 것이었다. 효험이 있었던지 아내는 비로소 해산을 하였다.

당시 김순영은 27살이었다. 그는 3년 전 장련에 사는 10살 아래인 현풍 곽씨 낙원을 아내로 맞았다. 이들 사이에 아이가 생겼다. 곽낙원郭樂園은 푸른 밤송이에서 크고 붉은 밤 한 개를 얻어 깊이 감추어 둔 꿈을 꾸었다고 한다. 태몽이었다. 곽낙원은 일주일이나 산통을 겪었고, 난산 끝에 아들을 낳았다. 그 아들이 백범 김구이다.

김구의 첫 이름은 창암昌巖이었다. 이후 창수昌洙라고 했다가 다시 구龜에서 구九로 이름을 바꾸었다. 이외에 자신의 신분을 감추어야 할 필요가 있을 때는 김두래金斗來 · 장진구張震球 · 장진張震 등의 이름을 사용하였고, 마곡사에서 스님이 되었을 때는 원종圓宗이란 승명을 사용한 적도 있었다. 호도 연하蓮下라 하였다가 백범白凡으로 바꾸었다.

김구는 본관이 안동으로, 신라 경순왕의 33대손이다. 경순왕은 신라의 마지막 왕으로 고려 태조 왕건에 항복하였고, 왕건의 딸 낙랑공주와 결혼하였다. 그 후손들은 고려에서 대대로 벼슬을 하였고, 충렬공 김방경金方慶과 익원공은 고려의 공신으로 잘 알려져 있다. 백범의 집안은 익원공을 시조로 하고 있고, 백범은 그 21세손이다.

그의 선조들은 조선조에 들어와서도 대대로 벼슬을 하며 서울에서 살았다. 그러다가 효종 때 김자점金自點의 역모 사건으로 인해 몰락하게 되었다. 김자점은 인조반정의 공신으로 영의정을 지냈던 인물인데, 효종 때에 북벌론에 맞서다가 역모 사건으로 멸문지화滅門之禍를 당했다. 그 방손傍孫들은 살기 위해 피신하였고, 백범의 선조는 황해도 해주읍에서 서쪽으로 80리 떨어진 백운방 텃골에 은거하였다.

텃골에 은거한 후, 신분을 숨기고 살아야 했다. 김자점의 방손이라는 것과 양반이란 신분을 드러낼 수 없었다. 산을 개간하여 농사를 짓고, 군역전을 경작하면서 상놈처럼 행세하며 살았다. 백범이 태어난 때는 텃골에 자리 잡은 지 백여 년이 훨씬 지난 뒤였다. 이때는 완전히 상놈의 신분이었다.

집안의 형편도 빈한하기 그지없었다. 그의 아버지 김순영은 형편이 어려워 노총각으로 지내다가 24살이 되어서야 세 집안이 혼기의 자녀를 서로 교환하는 삼각혼이라는 기이한 제도로 14살 된 곽낙원과 혼인할 수 있었다. 혼인을 하였어도 독립하여 따로 살림을 차릴 수 있는 형편도 못되어 종조부 댁에 더부살이하며 살았다. 극히 빈곤한 형편이었다.

마음 좋은 사람이 되자

백범은 상놈의 집에서 태어나 어려운 환경에서 자랐다. 열 살이 넘을 때까지 제대로 된 옷을 입지 못할 정도였다고 하니, 그 어려운 형편을 짐작할 만하다. 또 인근에 사는 양반들로부터 심한 멸시를 받았다. 기골이 준수하고 성격이 호방한 그의 아버지가 술에 취하면 아들을 괴롭히는 양반을 때려 1년에도 여러 차례 해주 감영에 구속되는 소동을 일으켰다고 하는 것을 보면, 양반으로부터 심한 차별을 받으며 살았음을 짐작할 수 있다.

백범은 아버지를 많이 닮았던 것 같다. 체격이 장대한 것도 그렇고, 성격도 그렇다. 종조부 집에서 살 때 이웃 동네 이생원 댁 아이들이 이유 없이 매질을 하자, 집에 있는 부엌칼을 가지고 가서 대들기도 하였다. 불의를 보면 참지 못하는 성격이었다. 그리고 보통 어린이와 같이 개구쟁이로 자랐다. 숟가락을 부러뜨려서 엿을 사먹기도 하고, 떡이 먹고 싶어 아버지가 감추어 둔 돈을 몰래 꺼내가기도 하였다.

이처럼 여느 아이들과 같이 어린 백범이 어느 날 글공부를 해야겠다는 생각을 하게 되었다. 집안 어른이 갓을 쓰고 나갔다가 이웃 동네 양반들에게 발각되어 관을 찢기고 이후 다시 관을 쓰지 못하였다는 이야기를 들은 것이 계기였다. 백범은 어찌하여 그 사람들은 양반이 되었고, 우리 집은 상놈이 되었느냐고 물었다. 양반이 되려면 과거시험을 보아야 한다는 말을 듣고, 글공부를 하기로 마음먹었다.

백범은 아버지를 졸랐다. 아버지는 동네 서당에서는 상놈은 받아주지도 않고, 받아주더라도 멸시를 받을 것이라는 생각에서, 상놈 친구의 자식 몇 명을 모아 공부방을 열고 선생을 모셔왔다. 이때 백범의 나이는 12살이었다. 백범은 공부를 하게 된 것이 너무 기뻤다. 선생님이 '마치 신선이나 하느님처럼 거룩해 보였다'고 하며, 외우고 또 외우며 열심히 공부하였다. 그러나 아버지가 쓰러져 반신불수가 되면서, 공부를 계속할 수 없게 되었다. 아버지의 권고로 토지문권·제축문·혼서문 등의 실용문을 익히며, 틈틈이 한문을 배웠다.

백범은 형편은 곤란하였지만 공부를 계속해야 한다고 생각하였다. 『통감절요通鑑節要』와 『십팔사략十八史略』을 읽다가 '왕후장상의 씨앗이 따로 있으리오'라는 글을 보게 되고, 또 유방劉邦 한고조와 함께 중국 천하를 통일하였던 한신韓信도 '빨래하는 부인에게 밥을 얻어먹었다'는 것을 본 것이 그 계기였다. 뜻을 가지니 길이 열렸다. 다행히 큰어머니의 인척이 되는 정문재의 서당에서 공부할 수 있게 되었다. 백범은 매일 험한 산길을 오가며 『대학』과 『통감』 등을 배웠다.

서당에 다닌 지 2년쯤 되던 1892년 어느 날, 과거시험이 있었다. 해주에서 보는 향시鄕試였다. 백범은 과거시험에 큰 기대를 가졌다. 상놈이라는 신분을 벗어날 수 있는 좋은 기회였기 때문이다. 아버지와 함께 과거시험장에 나갔지만, 시험장은 부정과 비리 투성이었다. 글을 짓는 자와 쓰는 자가 따로 있고, 시험도 온통 대리시험이었다. 급제도 돈과 권력에 의지하는, 그야말로 부정과 부패로 얼룩져 있었다.

백범은 과거시험장을 통해 사회의 비리와 부패를 보고, 다른 길을 택하기로 하였다. 다른 길로 택한 것이 관상 공부였다. 아버지가 "명당에 조상을 모시면 자손이 복록을 누리게 되고, 관상을 잘 보면 선한 사람과 군자를 만날 수 있다"며 풍수나 관상에 대한 공부를 해 보라고 권유한 것이다. 백범은 관상학의 경전이라고 하는 『마의상서麻衣相書』를 빌려, 석 달 동안 두문불출하고 관상학을 공부하였다. 배운 관상학으로 자신의 관상을 보았는데, 한 군데도 좋은 것이 없었다. 백범이 자신의 처지를 비관하고 있을 때, 그의 마음을 사로잡는 구절이 있었다.

상 좋은 것이 몸 좋은 것만 못하고　　　　　　　相好不如身好
몸 좋은 것이 마음 좋은 것만 못하다　　　　　　身好不如心好

백범은 이 구절을 읽고 마음 좋은 사람이 되어야겠다고 생각했다. 이렇게 결정하고 나니 마음도 편해졌다. 과거시험을 보고 벼슬하는 일과 상놈의 신분에서 벗어나는 일 등이 모두 허영처럼 여겨졌다. 백범은 일가 아이들을 모아 놓고 글을 가르쳤다. 그러면서 『손무자孫武子』·『삼략三略』·『육도六韜』 등의 병법서를 읽다가 마음에 와 닿는 구절을 발견하였다. '태산이 앞에서 무너져도 마음을 망령되이 움직여서는 안 된다'는 말이었다. 백범은 이 구절을 읽고 또 외웠다.

동학접주가 되다

1893년, 백범은 새로운 세상을 만났다. 동학이었다. 동학은 1860년에 최제우崔濟愚가 창건한 신흥 종교로, 모든 사람은 평등하다는 인내천人乃天 사상을 핵심으로 하면서 일반 민중 사이에 급속하게 번져나갔다. 교조敎祖 최제우가 혹세무민의 죄목으로 사형을 당하고 정부로부터 탄압을 받기도 하였지만, 동학은 제2대 교주 최시형崔時亨의 주도하에 삼남지방을 비롯하여 황해도 일대까지 세력이 확대되었다.

백범은 과거시험에 낙방한 후 일가 아이들을 모아 가르치고 있을 때, 동학에 대한 소식을 들었다. 1893년 정초, 그의 나이 18세 때였다. 백범은 이웃 포동에 있는 동학도인 오응선吳膺善을 찾아갔다. 오응선은 나이 어린 그에게 공대恭待를 하며, 동학에는 빈부귀천에 차별대우가 없다고 하였다. 양반 상놈의 구별 없이 모든 사람은 평등하다는 말에 백범은 놀랐다. 마치 별세계에 온 것 같았다.

백범은 동학이 어떤 것인지를 물었다. 이에 오응선은 "양반과 상놈의 구별 없이 모든 사람은 평등하다", "사악한 인간들로 하여금 개과천선하여 새 백성이 되어 천주를 모시고 신新국가를 건설하는 것"이라며 친절하게 말해주었다. 이 말은 과거에 낙방한 후 마음 좋은 사람이 되기로 결심한 그의 가슴을 뜨겁게 달구었다. 백범은 동학에 들어갈 마음이 불길처럼 일어났고, 곧바로 동학에 입도하였다.

동학에 입도하면서 이름을 창암에서 창수昌洙로 바꾸었다. 이름을 바꾼 것은 새로운 세상을 만나 새로운 삶을 시작한다는 의미였다. 백범이 동학에 입도한 후 "김창수가 한 길 이상 공중에서 걸어가는 것을 보았다"는 등 그의 도력에 대한 소문이 퍼져나갔다. 그리고 몇 달 만에 그의 휘하에 수백 명에 달하는 교도들이 모여 들었다. 휘하에 교도들이 모여 들면서 그는 동학의 중간 간부인 '접주接主'가 되었다. 나이가 어려 '애기 접주'라는 별명이 붙었다.

백범은 접주의 자격으로 교주 최시형을 만났다. 최시형은 충청도 보은에 있었다. 황해도 지역 동학에 대해 보고하라는 교주의 지시를 받고, 백범은 황해도 지역 대표 15명과 함께 보은으로 갔다. 여기서 최시형을 만났고, 그로부터 직접 접주 임명장을 받았다. 그런데 이때 전라도 고부에서 전봉준이 동학농민군을 일으켰다는 소식을 들었다. 이어 교주의 동원령이 떨어졌고, 백범은 황해도로 돌아왔다.

보은에서 돌아온 황해도 접주 15인은 회의를 갖고, 거사를 결정하였다. 백범은 팔봉산 아래 산다고 하여 팔봉접주라 하고, 팔봉도소를 차렸다. 그리고 척왜척양斥倭斥洋이라는 기치旗幟를 내걸고 병력을 모았다. 그의 휘하에는 산포수山砲手들이 많았다. 이들이 자신의 총기를 가지고 모였는데, 그 숫자가 700명에 이르렀다.

황해도 동학군은 먼저 해주성을 공격하기로 하였다. 백범이 선봉을 맡았다. 나이가 어렸지만, 그가 병법을 연구하였고, 또 그의 부대에 산포수들이 많았기 때문이다. 백범은 말을 타고 선봉先鋒이라는 사령기를 휘날리며 해주성을 공격하였다. 산포수들의 총이 있었지만, 일본군의 신식무기를 당할 수는 없었다. 총소리에 놀란 병사들이 도주하기 시작하자 총사령부에서 퇴각 명령을 내렸고, 해주에서 80여 리 떨어진 회학동으로 후퇴하였다.

백범은 구월산 패엽사로 부대를 옮겨 전열을 정비하고자 하였다. 이때 신천군 청계동에 있는 안태훈安泰勳이 밀사를 보내왔다. 안태훈은 해주 출신으로 황해도에서 이름난 인물이자 대지주였다. 그는 동학농민군이 일어나자 아들 안중근과 함께 자신의 집에 의려소를 차리고, 동학농민군을 토벌하고 있었다. 그가 밀사를 보낸 데는 이유가 있었다. 나이 어린 백범의 대담함을 알고, 그를 지키려고 한 것이었다. 백범은 참모회의를 열고 안태훈의 밀사와 "나를 치지 않으면, 나도 치지 않는다", "어느 한쪽이 불행에 빠지면 서로 돕는다"는 내용으로 밀약을 맺었다.

백범은 부대를 구월산 패엽사로 옮겼다. 그리고 병사들에게 훈련을 시키며 전열을 정비하는 한편, 신천군에 일본군이 모아 둔 백미 천여 석을 몰수하여 병사들로 하여금 가져오게 하였다. 안태훈과는 밀약대로 서로 공격하지 않았다. 백범은 겨울을 지나면서 홍역을 앓았다. 홍역도 치르지 못한 대장이라는 놀림을 받기도 하였지만, 낭패가 닥쳤다. 구월산 주변에 있던 이동엽이라는 접주가 거느린 동학군의 습격을 받은 것이었다. 갑작스런 습격을 받아 병사들은 흩어지고, 백범은 몽금포에서 세 달 동안 숨어 지내야 했다.

의인 안태훈과 스승 고능선을 만나다

백범은 1895년 봄에 청계동으로 안태훈을 찾아갔다. 패군의 장수로 포로 대우를 받을까 염려되어 망설였지만, 일본군이 동학군을 수색하고 있어서 달리 피할 곳이 없었다. 안태훈은 의인義人이었다. 패엽사에서 위험을 당한 사실을 알고 백범의 행방을 탐색하였지만 그의 행방을 알지 못했는데 "이처럼 찾아주니 감사합니다" 하며, 반갑게 맞아 주었다. 그리고 그날로 텃골에 있는 백범의 부모님까지 모시고 와서 집 한 채를 마련해 주기도 하였다.

백범은 안태훈의 지극한 배려와 보살핌을 받았다. 당시 그의 나이 20살이었다. 안태훈은 안심하고 지내라고 하면서, 나이 어린 백범을 사랑으로 불러 담론을 하기도 하고, 집안 식구들 모임에도 참석시켰다. 안태훈은 모두 6형제였고, 16살 된 큰아들 중근과 정근, 공근 등 세 아들을 두고 있었다. 1909년 10월 하얼빈역에서 이토 히로부미伊藤博文를 사살한 안중근이 바로 안태훈의 큰 아들이다. 안중근에 대해 백범은 "돔방총을 메고 날마다 사냥을 다녔는데, 나는 새, 달리는 짐승을 백발백중으로 맞추는 재주가 있었다"고 하였다.

백범은 안태훈의 집에 머물면서 스승을 만났다. 고능선高能善 선생이었다. 고능선은 화서학파 유중교의 제자이자 유인석과 동문으로, 황해도 지역의 대표적인 유학자였다. 안태훈이 자신의 동생들과 아들의 교육을 위해 그를 청계동으로 모셔왔다. 이때 백범은 배움에 목말라 있었다. 또 앞으로 무슨 일을 어떻게 해야 할지에 대한 방향도 없었다.

고능선을 만난 백범은 자신의 삶을 고백하고, 스무 살에 일생의 진로에 대해 스스로 속이고 그르쳐 허다한 실패를 경험하였다고 하면서, 선생으로서의 가르침을 청하였다. 고능선은 그의 청을 받아들였다. 백범은 뛸 듯이 기뻐했다. "주리던 아이가 어머님 젖을 빨아먹는 것 같았다"거나 "그날부터 나는 밥을 먹지 않아도 배고픈 줄 모르겠고, 고 선생이 죽으라면 죽을 수 있을 것 같았다"고 하였다. 백범은 선생을 만났고, 그 선생을 평생토록 가슴으로 모셨다.

고능선

고능선과의 만남은 백범의 삶에 커다란 영향을 끼쳤다. 고능선은 백범을 사랑으로 가르쳤고, 그의 가르침은 백범의 삶의 지표가 되었다. 고능선의 가르침은 방법이 달랐다. 경서를 차례로 가르치는 것이 아니라, 백범의 정신과 재질을 보아빈 구석을 채워주는 방법이었다. 고능선이 강조

안태훈

하여 가르친 것은 의리義理였다. "뛰어난 재주와 능력이 있는 자라도 의리에서 벗어나면 도리어 화근이 된다"는 것과 "사람의 처세는 마땅히 의리에 근본을 두어야 한다"고 하였다. 그리고 부족한 면을 일깨워주고, 그 방법을 일러주며 다음과 같은 문장을 가르쳐 주었다.

가지잡고 나무를 오르는 것은 기이한 일이 아니나   得樹攀枝無足奇

벼랑에 매달려 잡은 손을 놓는 것이 가히 장부로다   懸崖撒手丈夫兒

판단력과 과단성을 가져야 한다는 가르침이었다. 고능선은 백범에게 부족한 것이 무슨 일을 실행하여야 할지를 두고 머뭇거리는 것이라고 파악하였다. 일을 실행할 때 실행 여부를 얼른 판단하고, 일단 판단하면 과감하게 실행에 옮기라는 것이었다.

고능선의 가르침은 학문에만 머물지 않았고, 경서에만 국한되지도 않았다. 국내의 정세와 구국의 방도에 이르기까지 폭이 넓었다. 그리고 함께 밥을 먹는 동안이나 수시로 대화를 통해 가르침을 주었다. 고능선은 나랏일을 걱정하고 있었다. 나라가 망하여 가는 데 조정대신들은 외세에 영합하고, 누구도 그 해결방안을 찾지 않는다며 망국을 걱정하였다. 백범이 어떻게 해야 망하는 나라를 구할 수 있느냐고 묻자, 고능선은 다음과 같이 답하였다.

일반 백성들이 의義를 붙잡고 끝까지 싸우다가 함께 죽는 것은 신성하게 망하는 것이요. 일반 백성과 신하가 적에게 아부하다 꾐에 빠져 항복하는 것은 더럽게 망하는 것일세. 지금 왜놈 세력은 온 나라에 차고 넘쳐 대궐 안까지 침입하여 대신들을 마음대로 내치니 우리나라를 제2의 왜국으로 만드는 것 아니겠는가? 만고천하에 망하지 않은 나라 없고 죽지 않는 사람이 없은즉 자네나 나나 죽음으로 충성하는 일사보국一死報國 한 가지 일만 남아 있네

이는 일본군이 경복궁을 쳐들어간 갑오변란과 갑오개혁 정부의 실상을 보고 한 말이라 생각된다. 나라가 망하는 길로 가고 있지만, 대신들은 외세에 빌붙어 구국의 방도가 없다고 한탄하고 있는 것이다. '나라가 망하는 데도 신성하게 망하는 것과 더럽게 망하는 것이 있다'며, 우리는 일사보국으로 충성하여야 한다고 하였다. 그러면서 한마디 덧붙였다. "기왕 망할 나라라도 망치 않게 힘써 보는 것이 백성된 자의 의무이다"라는 말이었다.

이러한 고능선의 가르침은 백범의 삶의 지표가 되었다. 백범은 상해에서 『백범일지』를 쓰면서, "오늘까지 30여 년 동안 내 마음을 쓰거나 일을 할 때, 만에 하나라도 아름다이 여기는 점이 있다면 그것은 온전히 당시 청계동에서 고 선생이 나를 특히 사랑하시고 심혈을 기울여 구전심수口傳心授하시던 훈육의 덕일 것이다"라고 하였다. 이처럼 백범에게는 스승이 있었다. 그 스승은 단순하게 지식만 전달해주는 스승이 아니라, 그의 삶의 지표가 된, 그리고 진정 마음속 깊이 존경하는 스승이었다.

만주 지역을 답사하고 의병으로 활동하다

백범은 안태훈의 집에 은거하는 동안 만주에 다녀왔다. 고능선의 권고에 의해서였다. 고능선은 망하는 나라를 구할 방도로 백범에게 조정대신처럼 외세에 영합하지 말고, 청국과 서로 연합할 필요가 있다고 하였다. 그러면서 청에 가서 사정도 살펴보고 인물과 연락하여 후일을 대처하여야 한다며, 청국에 가 볼 것을 권고한 것이다.

백범은 김형진과 함께 청으로 출발하였다. 김형진은 전라도 남원 사람으로 참빗장수인데, 안태훈이 대문장이자 대영웅이라는 소문을 듣고 청계동을 찾아왔다. 백범은 김형진과 함께 참빗장수 행세를 하며 길을 떠났다. 평양·정평·함흥·북청·단천·혜산진을 거쳐 압록강을 넘었다. 그리고 압록강변에 있는 모아산·통화·환인·관전·임강·집안 등지를 다니며, 그곳의 지세와 인심 등을 살폈다.

백범은 만주 지역을 답사하면서 많은 것을 보았다. 토지가 비옥하다는 것, 곳곳에 한인들이 거주하고 있다는 것과 그들이 살아가는 모습, 그리고 도처에 천연의 요새가 많다는 것 등을 보았다. 고구려 연개소문의 관루와 조선의 명장 임경업 장군의 비석도 보았다.

백범의 만주 지역 답사는 후일 만주 지역이 독립운동 기지로 건설되는 데 작용하였다. 백범은 자신이 직접 보고 느낀 것을 고능선에게 보고하였다. 제천 의병장 유인석이 1896년에 의병을 이끌고 서간도로 옮겨 간 것도 그렇고, 후일 백범도 직접 관여하였던 신민회가 서간도 유하현에 독립운동 기지를 건설한 것도 그의 답사 경험과 무관하지 않다.

백범은 만주 지역을 답사하던 중 의병으로 활동하기도 하였다. 1895년 11월에 통화현 삼도구를 지날 때였다. 그곳에 거주하고 있던 김이언金利彦과 김규현金奎鉉 등이 의병을 일으킨다는 소문을 듣고, 백범은 그를 찾아갔다. 김이언은 "국모가 왜구에게 피살된 것은 국민 전체의 치욕이니 가만히 앉아서 참고 있을 수 없어 의병을 일으킨다"고 하였다. 명성황후가 일제에게 시해 당하였다는 소식이 이곳에도 전해졌고, 백성된 자로서 치욕을 당하고도 가만히 앉아 있을 수 없어서 의병을 일으킨다는 말이었다. 백범은 이때 명성황후 시해에 대한 소식을 들었다.

백범은 김형진과 함께 김이언이 주도하는 의병에 참여하기로 하였다. 그는 병서도 읽었고, 1년 전에는 직접 동학농민군을 조직하고 전투한 경험도 있었다. 김이언은 백범이 용기가 부족하지 않은가 하는 염려도 있었지만, 백범은 강 건너 강계에 들어가 화약을 구해오기도 하고, 초산과 위원 등지를 돌아다니며 포수를 모집하기도 하였다. 포수를 모집한 것은 그들이 총을 갖고 있기 때문이다. 그렇게 해서 300명에 이르는 포수를 모집하였다.

김이언은 강계성을 공격한다는 목표를 세웠다. 강계성을 공격하는 계책을 가지고 백범은 김이언과 의견을 달리했지만, 그의 고집을 꺾을 수 없었다. 11월이라 압록강은 빙판으로 얼어붙어 있었다. 백범은 김이언 의병부대와 함께 압록강을 건너 강계성을 공격하였다. 그러나 강계성 안에서 내통하는 병사가 있어 성문을 열어 줄 것이라는 김이언의 이야기와는 달리 좌우 산골짜기에서 탄환이 비 오듯 쏟아졌다. 반격을 받은 의병들은 사방으로 흩어졌다.

강계성 전투를 치른 후, 백범은 곧바로 귀국길에 올랐다. 돌아오니 그를 기다리고 있는 소식이 하나 있었다. 고능선이 그의 부모와 상의하여 자신의 손녀와 백범을 결혼시키기로 하고 약혼을 한 것이었다. 백범이 만주 지역을 답사하는 동안 고능선은 아들과 며느리를 콜레라로 잃었다. 몸과 마음을 백범에게 의탁하기로 하고, 백범을 손녀사위로 삼고자 한 것이었다.

이에 따라 백범의 부모는 혼사를 준비하였다. 그러나 괴이한 일이 생졌다. 김치경이 고능선을 찾아와 자신의 딸이 백범과 약혼하였다며 행패를 부린 것이었다. 그의 나이 네댓 살 때 아버지가 어떤 술집에서 김치경이란 함지박 장수와 술을 마시다가 그에게 딸이 있다는 말을 듣고 청혼을 한 일이 있었다고 한다. 이를 두고 김치경이 고능선을 찾아와 항의하였고, 고능선은 난감해 하였다. 백범은 고능선에게 "혼인을 하든 안 하든 무슨 상관이 있겠습니까. 혼사는 단념하고 의리로만 선생님을 받들겠습니다"라고 말하며, 혼인을 단념하였다.

안태훈과도 결별하게 되었다. 청계동에 돌아온 후, 백범은 의병을 일으키려는 계획을 추진하고자 하였다. 당시 국내는 갑오개혁 이후 단발령 시행으로 인해 백성들의 격렬한 반대가 일어나고 있던 시기였다. 명성황후 시해 사건에 이어 단발령의 공포는 백성들에게 커다란 불만을 일으켰고, 전국 각지에서 유학자들이 중심이 되어 의병을 일으키고 있었다.

백범은 고능선과 의논하고, 안태훈과 함께 의병을 일으키는 문제를 협의하였다. 그러나 안태훈은 찬동하지 않았다. 안태훈은 아무 승산 없이 일어나면 실패할 수밖에 없으니 그럴 생각이 없다며, 자신은 천주교를 믿다가 후일 기회를 보겠다고 하였다. 그리고 머리를 깎아야 한다면 깎을 의향도 있다고 하였다. 안태훈은 천주교였고, 고능선은 유학자였다. 이 말을 듣자 고능선은 "진사, 오늘부터 끊네" 하며, 절교를 선언하였다. 백범도 고능선과 크게 다르지 않았다. 안태훈이 단발을 하겠다는 것을 의리가 없다고 생각한 것이다.

이로써 의병을 일으키는 문제는 더 이상 진전되지 못하였고 안태훈과도 헤어지게 되었다. 안태훈에게 절교를 선언한 고능선은 비동으로 옮겨갔다. 백범도 청계동을 떠나 텃골로 이사하였다.

국가의 치욕을 씻어 보리라

텃골로 돌아온 후, 백범은 청에 가기로 작정하였다. 금주金州에 있는 서옥생徐玉生의 아들을 찾아가려는 것이었다. 백범은 만주 지역을 답사할 때 길가에서 중국인 서옥생의 아들을 만난 적이 있었다. 서옥생은 청일전쟁 때 집에서 양성한 1,500명 병사를 데리고 출전하였다가 평양에서 전사하였다고 한다. 백범은 부친의 시체를 찾으러 왔다가 돌아가는 그의 아들을 우연히 길에서 만났고, 그를 장래에 교제할 수 있는 인물이라고 여겼다. 그는 복수할 날이 올 때까지 자기 집에서 같이 지내자며 백범을 금주로 데려가려 했었다.

백범은 그를 찾아가기 위해 길을 나섰다. 그러나 평양을 거쳐 안주까지 갔다가 발길을 되돌렸다. 가다가 소문을 들으니, 단발령에 반대한 백성들이 일본인들의 가옥을 때려 부수고, 정부에도 큰 변동이 일어났다고 하였다. 정부의 변동이라는 것은 고종이 러시아 공사관으로 피신한 아관파천과 이로 인해 갑오개혁 정부가 붕괴된 것이었다. 이처럼 백범은 나라 안에 많은 변화가 일어나고, 또 각지에서 의병이 봉기한다는 말을 듣고 되돌아가기로 하였다.

발길을 되돌려 돌아오던 중 백범은 치하포의 한 주막에서 수상한 사람을 만났다. 그가 보기에는 분명 왜놈인데, 한복을 입고 조선인 행세를 하고 있는 사람이었다. 흰 두루마기 밑으로 칼집도 보였다. 백범은 그 자가 국모를 시해한 미우라 고로三浦梧樓가 아닐까, 미우라가 아니더라도 공범일 것 같다는 생각이 들었다. 그의 생각은 여기에서 그치지 않고, "내가 저놈 한 명을 죽여서라도 국가의 치욕을 씻어보리라"며, 그를 처단하려는 데까지 이르렀다.

왜놈을 처단하기로 하였지만, 마음속에는 갈등이 없지 않았다. 저 놈의 패거리가 몇 명인지 알 수 없고, 또 주막의 손님들이 싸움인 줄 알고 말릴 수도 있었다. 더욱이 저 놈은 칼을 가지고 있는데, 섣불리 손을 썼다가 자신이 당할 수도 있다는 생각이 들었기 때문이다. 결정을 못하고 마음만 혼란해질 때 떠오르는 것이 있었다. "가지 잡고 나무에 오르는 것은 기이한 일이 아니나, 벼랑에 매달려 잡은 손을 놓은 것이 장부로다"라는 고능선의 가르침이었다. 백범이 판단력과 과단성이 부족하다며 일깨워준 것이었다.

고능선의 가르침을 떠올리며, 자신에게도 물어보았다. '저 왜놈을 죽여 설욕하는 것이 옳다고 확신하는가, 성공하지 못할 경우를 먼저 생각하는 것 아닌가, 몸에 이롭고 이름 내는 것을 좋아하는 사람이 되려는가'라는 자문자답을 해 보았다. 죽을 작정을 하고, 실행하기로 결정하였다. 결정하고 나니, 마음속에 일어나던 혼란도 사라지고 계책이 떠오르기 시작하였다. 백범은 주인을 불러 "오늘 700여 리 되는 산길을 걸어가야 하니 밥 7인분을 차려 달라"며 이인異人 행세를 하였다.

마침 왜놈이 중문 밖 문기둥에 기대어 서 있었다. 백범은 방에서 뛰어나가며 왜놈을 발길로 차서 계단 밑으로 떨어뜨렸다. 그리고 쫓아내려가 그놈의 목을 힘껏 밟았다. 주막의 문이 모두 열리며 사람들이 뛰어 나왔다. 백범은 몰려나오는 사람들을 향해 "누구든지 이 왜놈을 위해 내 게 달려드는 자는 모두 죽이고 말리라"고 소리쳤다. 그 사이 왜놈이 칼을 뽑아 달려들었다. 얼굴로 떨어지는 칼을 피해 왜놈의 옆구리를 차서 쓰러뜨리고, 칼 잡은 손목을 힘껏 밟았다. 칼이 저절로 땅바닥에 떨어졌다. 백범은 칼을 집어 왜놈을 처단하였다.

백범은 왜놈의 소지품을 가져오라고 하였다. 소지품을 조사하여 보니, 그가 처단한 왜놈은 쓰치다 조스케土田讓亮라는 이름을 가진 일본군 육군 중위였다. 가진 돈은 800냥 남짓 되었다. 주막 주인을 불러, 돈은 동네의 극빈한 집에 나누어 주라고 하고, 필기구를 가져오라고 하였다. 백범은 왜놈을 죽인 이유를 '국모보수國母報讐'의 목적으로 이 왜인을 죽이노라'고 밝히고, 마지막 줄에 '해주 백운방 텃골 김창수'라고 썼다. 그리고 이것을 사람들이 지나다니는 길거리 벽에 붙였다.

백범이 쓰치다를 처단한 것은 사사로운 감정이나 이해관계 때문이 아니었다. 그가 국모를 시해한 미우라이거나 적어도 공범일 것이라는 생각에서 '국모보수의 목적'으로, 그리고 '국가의 치욕을 씻어보리라'는 차원에서 거행한 의거였다. 당시 백범은 스무 살이 되었지만, 국가로부터 혜택을 받아본 일도 없고, 명성황후와 특별한 관계가 있는 것도 아니었다. 국가와 명성황후를 위해 죽음을 각오하고 왜놈을 처단할 이유가 없었다. 그렇지만 그의 마음속에 자리 잡고 있는 것이 있었다. 겉으로는 국모를 시해한 데 대한 복수, 국가가 당한 수치를 씻어야 한다는 것이었지만, 그의 마음속에 자리 잡은 것은 '국가'와 '국민'이었다. 국가가 수치를 당하였는데, 국민이 가만히 있을 수 없었다. 그것이 백범으로 하여금 쓰치다를 처단하게 만든 이유였다.

백범은 쓰치다를 처단한 것을 숨기려고 하지 않았다. 또 피하려고도 하지 않았다. 자신이 쓰치다를 처단하였노라고 포고문을 써서 길거리에 붙였다. 그리고 주막 주인을 불러, "나는 집으로 돌아가 연락을 기다릴 터이니, 안악군수에게 사건의 전말을 보고하라"고 명령하고, 집으로 돌아왔다. 돌아오는 길에 신천에 사는 동학당 친구 유해순을 찾아갔다. 전말을 들은 유해순은 집으로 가지 말고 다른 곳으로 피신하라고 하였다. 그렇지만 백범은 "사람의 일은 모름지기 밝고 떳떳하여야 하오. 그래야 사나 죽으나 값이 있지, 세상을 속이고 구차히 사는 것은 사나이 대장부가 할 일이 아니오"라 답하고, 집으로 왔다. 아버지 역시 피신하라고 하였지만 "이 한 몸 희생하여 만인을 교훈할 수 있다면 죽어도 영광된 일입니다. 제 소견으로는 집에 앉아서 마땅히 당할 일을 당하는 것이 의로운 일이라 생각합니다"라고 하며 집에서 그대로 머물렀다. 고능선이 그에게 가르쳐 준 것이 '의리'였다. 국민으로서 국가를 위해 옳은 일을 한 것이니, 숨기거나 피신할 일이 아니라고 생각한 것이었다.

고종의 전화로 살아나다

집에 돌아온 후, 석 달이 지나도록 아무 소식이 없었다. 그러나 1896년 5월 11일, 마침내 일이 닥쳤다. 순검과 사령 30여 명이 내무부령의 체포장을 가지고 찾아온 것이었다. 백범은 해주로 끌려가서 감옥에 갇혔다.

나무 널판으로 된 형틀이 목에 씌워졌고, 감리 민영철이 신문을 하였다. 다리 사이에 몽둥이 두 개를 넣고 내리누르는 고문을 받아 정강이가 하얗게 드러났다. 그리고 두 달이 지나 해주감옥에서 인천감리서로 이송되었다. 갑오개혁 이후 인천에 외국인 관련 사건을 재판하는 특별재판소가 생겼기 때문이다. 나진포에서 배를 타고 강화도를 지날 때, "네가 이제 가서는 왜놈 손에 죽을 터이니 같이 죽어서 귀신이라도 모자가 같이 다니자"며, 어머니가 뱃전으로 손을 잡아끌었다. 백범은 어머니에게 자신은 결코 죽지 않을 것이라고 하였다. "국가를 위하여 하늘에 사무치게 정성을 다하여 원수를 죽였으니, 하늘이 도우실 테지요"라며, 어머니를 위로하였다.

백범은 인천으로 이송되어 신문을 받게 되었다. 백범은 '왜놈을 죽인 취지를 분명히 말하고 죽으리라'고 마음먹었다. 경무관 김윤정金潤晶이 신문을 하자, "국모의 원수를 갚기 위해 왜구 한 명을 때려죽인 일이 있소"라고 대답하였다. 이때 옆에 와타나베渡邊라는 일본 순사가 앉아 있는 것을 보았다. 백범은 큰 소리로 "이놈!"이라고 소리치며 다음과 같이 호령하였다.

지금 소위 만국공법이나 국제공법 어디에 국가 간의 통상 화친조약을 체결한 후 그 나라 임금을 시해하라는 조문이 있더냐? 이 개 같은 왜놈아. 너희는 어찌하여 우리 국모를 시해하였느냐? 내가 죽으면 귀신이 되어서, 살면 몸으로, 네 임금을 죽이고 왜놈을 씨도 없이 다 죽여 우리 국가의 치욕을 씻으리라.

"어찌하여 우리 국모를 시해하였느냐, 내 죽어서라도 왜놈을 죽여 국가의 치욕을 씻으리라"는 백범의 호통에 와타나베는 도망하여 숨어버렸다. 백범의 호통은 일본 순사에만 그치지 않았다. 감리사 이재정李在正이 들어와 신문을 하자, 그를 향해서도 다음과 같이 소리쳤다.

본인은 일개 시골 천민이지만 신하된 백성의 의리로 국가의 수치를 당하고, 푸른 하늘, 밝은 해 아래 내 그림자가 부끄러워서 왜구 한 명을 죽였소. 그러나 나는 아직 우리 동포가 왜인들의 왕을 죽여 복수하였단 말을 듣지 못하였소. 지금 당신들은 몽백(국상을 당하여 백립을 쓰고 소복을 입은 것)을 하고 있는데 춘추대의에 나라님의 원수를 갚지 못하면 몽백을 아니한다는 구절도 읽어보지 못하였소? 어찌 한갓 부귀영화와 국록을 도적질하는 더러운 마음으로 임금을 섬기시오.

정부 관리들에 대한 질타였다. '국모의 시해'라는 국가의 수치를 당하였는데, 정부의 관리들은 무엇하고 있느냐는 말이었다. '자신은 일개 시골의 천민이지만 국가의 수치를 당한 것이 너무나 부끄러워 백성된 의리로 왜놈을 죽였노라'고 하였다. 그런데 국록을 받는 관리들이 원수도 갚지 않은 채 상을 치르고, 그런 마음으로 임금을 섬기느냐는 것이었다.

일본 순사를 향한 호령과 관리를 향한 질타, 이는 백범을 다시 보게 만들었다. 이재정은 "그 충의와 용기를 흠모한다"고 하면서 "내 당황스럽고 부끄러운 마음도 비할 데 없소이다"라 하였다고 한다. 다른 관리들도 마찬가지였다. 백범을 업고 나가던 간수는 어머니에게 "어쩌면 이렇게 호랑이 같은 아들을 두셨소"라 하였다. 그리고 신문을 방청하였던 일반인들의 입을 통해서도 '국모에 대한 복수로 왜놈을 처단한 인물'이라는 것과 함께 이러한 백범의 기개가 입에서 입으로 퍼져나갔고, 인천과 강화 지역에 있는 많은 이들이 백범을 면회하고 후원하였다.

백범은 신문과 판결을 받으며, 인천감옥에서 수형 생활에 들어갔다. 옥중에서의 생활이었지만, 이 시기 동안 백범은 크게 변하였다. 신학문을 접하면서, 세계관이 달라진 것이었다. 감리서 직원들이 신지식을 배워 장래 국가에 큰일을 하라며 『세계역사』와 『태서신사泰西新史』 등 중국에서 발간된 책을 갖다 주었다. 백범은 죽을 날을 당할 때까지 글이나 실컷 보겠다며, 손에서 책을 놓지 않았다.

신서적을 읽으며, 백범은 새로운 세상을 보았다. 그리고 많은 것을 새롭게 깨달았다. 하나님처럼 숭배하던 고능선의 가르침도 비판하게 되었다. 고능선이 서양 학문을 한다며 안태훈과 절교한 일도 잘한 일로 보이지 않았다. "의리는 유학자들에게 배우고 문화와 제도 일체는 세계 각국에서 채택하여 적용하는 것이 국가의 복리福利가 되겠다"는 생각이 들었다. 짐승처럼 여겼던 오랑캐에 대해서도 '도리어 나라를 세우고 백성을 다스리는 좋은 법규가 사람답다'는 생각을 갖게 되었다.

그런데 1896년 10월, 백범에게 사형 판결이 내려졌다. 신문에 교수형에 처한다는 사실이 보도되었고, 많은 이들이 이를 보고 찾아와 그에게 조문을 하며 눈물을 흘렸다. 당시 인천감옥에서는 사형수에 대한 집행을 오후에 우각동牛角洞이라는 곳에서 행하였다. 사형이 집행된다는 소식을 듣고, 백범은 하루 종일 아버지가 갖다 준 『대학』만 읽고 있었다.

성현의 말씀으로 마음을 가라앉히고 성현과 동행하려는 생각에서 그렇게 한 것이었다. 그러나 저녁밥을 먹도록 소식이 없었다. 이윽고 옥문이 열리며 "아이구, 이제 김창수는 살았소" 하는 소리가 들렸다. 감리서 직원이 달려와 "고종 폐하께서 김창수의 사형집행을 정지하라"는 명령을 내렸다고 전해주었다.

사건의 전말은 이러했다. 사형수 집행은 임금의 재가를 받아야 했다. 법부대신이 사형수 명단을 가지고 가서 결재를 받았는데, 승지 한 사람이 '국모보수'라는 글자를 보게 되었다. 이를 본 승지가 결재가 난 안건을 고종에게 보여주었고, 고종은 어전회의를 열고 사형을 중지시키기로 하였다. 그리고 인천감리서로 전화를 걸어 백범의 사형집행을 중지토록 한 것이었다. 기이한 일이 하나 더 있다. 당시 서울에는 전화가 가설架設되어 있었지만, 서울과 인천의 장거리 전화는 이때 막 개설되었다. 고종, 그리고 전화가 백범을 살린 것이었다.

탈옥을 감행하다

백범의 사형집행이 정지된 것은 고종황제의 명에 의해서였다. 이와 더불어 사형수 백범을 살리려는 또 다른 노력과 시도가 있었다. 우선 인천의 주민들과 인천항의 객주들이 백범을 살리려고 하였다.

백범의 사형이 집행된다는 소식이 전해지자, 인천항 객주 32명이 긴급회의를 열고 통문通文을 돌렸다. 항구 안에 있는 집집마다 사형이 집행되는 우각현으로 구경 가되, 각 사람마다 엽전 한 냥씩 준비하여 오라는 것이었다. 그리고 부족한 돈은 객주 32명이 담당한다고 하였다. 돈을 모아 백범의 몸값을 치르자는 것이었다.

백범을 살리려고 노력한 또 다른 사람이 있었다. 강화에 사는 김주경 金周卿이란 인물이었다. 김주경은 강화 관아의 하급관리인데, 투전으로 엄청난 돈을 벌어 위세가 대단하였다고 한다. 당시 강화에는 두 인물이 있는데, 양반 중에는 이건창李健昌이요, 상놈 중에는 김주경을 일컬을 정도였다. 김주경은 감옥의 간수인 최덕만崔德萬으로부터 백범에 대한 이야기를 듣고, 그를 살리려고 나섰다.

김주경은 자신의 재산을 판 돈을 가지고 서울로 가서 정부 대신들을 상대로 백범의 석방운동을 벌였다. 법부대신 한규설韓圭卨을 찾아가 "대감이 책임 있게 김창수의 충의를 표창하고 조속히 방면되도록 하여야 옳지 않겠소? 폐하께 비밀히 주청하여 장래에 허다한 충의지사가 생기도록 함이 대감의 직책 아니겠소?"라 하였다 한다. 그리고 법부를 비롯하여 각 관청에 백범의 석방을 위한 소송을 제기하기도 하였다. 전 재산을 다 팔아 백방으로 노력하였지만, 효력이 없었다. 백범의 구명을 위해 전 재산을 다 날린 후, 김주경은 감옥을 찾아갔다. 그곳에서 백범을 만난 그는 편지 한 통을 건넸다. 그 안에 다음과 같은 시 한 수가 들어 있었다.

조롱을 박차고 나가야 진실로 좋은 새이며	脫籠眞好鳥
그물을 떨치고 나가야 예사스런 물고기가 아니리	拔扈豈常鱗
충은 반드시 효에서 비롯되니	求忠必於孝
그대여, 자식 기다리는 어머니를 생각하소서	請看依閭人

백범은 이것이 무엇을 뜻하는지 알았다. 백범은 탈옥하기로 마음먹고, 아버지에게 모서리가 세 개인 삼릉창을 만들어 달라고 부탁하였다. 아버지는 삼릉창을 만들어 의복 속에 넣어 주었다. 삼릉창을 받은 백범은 아버지에게 "부모님 두 분은 오늘 저녁으로 배를 타시고 고향으로 돌아가십시오"라고 하였다. 당시 백범의 아버지와 어머니는 인천에 와 있었다. 어머니 곽낙원은 백범이 해주에서 인천으로 이송될 때 함께와서 아들의 감옥 뒷바라지를 하였다. 어머니는 유명한 객주 박영문朴永文의 집에 들어가 식모로 일했다. 감옥에 갇힌 아들에게 하루 세 끼마다 밥 한 그릇씩을 갖다 주는 조건이었다. 그런 부모에게 자신은 탈옥할 터이니, 고향으로 돌아가시라고 한 것이었다.

백범은 감옥에서 나갈 궁리를 하였다. 당시 감옥에 있던 죄수들 중에는 백범을 이인으로 보기도 하고, 또 임금에게 특전을 받아 곧 석방될 것으로 여기기도 하였다. 이 중에 장기수인 조덕근이 있었다. 백범은 그에게 살려줄 도리를 찾아보겠다며, 돈 200냥을 마련해 보라고 하였다. 곧 그의 집에서 돈을 가져왔다.

1898년 3월, 백범은 간수를 불렀다. 간수에게 돈 150냥을 주면서, 오늘은 자신이 한 턱 낼 테니 쌀과 고기와 술 한 통을 사오라고 하였다. 그리고 좋아하는 아편을 사서 마음껏 피우라고 하면서 별도로 50냥을 주었다. 저녁에 감옥에 있던 80여 명의 죄수들이 고깃국과 술을 실컷 먹었다. 이들은 술에 취해 노래를 불렀고, 간수는 아편을 피우고 까무러져 있었다.

이때 백범은 탈옥을 결행하였다. 마루 속으로 들어가 벽돌을 들추어

내고 밖으로 나와서 감옥 담에 아버지가 마련해 준 삼릉창을 걸었다. 혼자 담을 넘으려다 조덕근 등을 두고 나가는 것이 부끄러운 일이 아닌가 하는 생각이 들었다. 백범은 다시 구멍으로 들어가 조덕근 등 4명을 내보냈다. 이들을 먼저 담 밖으로 내보낸 후, 마지막으로 자신도 감옥의 담을 넘었다. 탈옥이었다.

승려가 되다

백범은 캄캄한 밤이라 지척을 분간하기 어려워서 밤새도록 해변 모래밭을 헤맸다. 동쪽 하늘이 훤해질 때 살펴보니 감리서 뒤쪽 마루터기에 와 있었다. 밤새도록 도망을 한 것이 겨우 감리서 뒤쪽이었다. 한편, 경무청과 순검청에는 비상이 걸렸다. 백범이 담을 넘을 때 요란한 소리를 냈기 때문이다. 불과 수십 걸음 앞에서 군도를 찬 순검들이 지나갔다.

백범은 서울로 향했다. 큰 길을 피해 시골 마을길로 걸었다. 부평과 양화진을 거쳐 서울에 닿았다. 남대문을 들어서서 인천감옥에 있다가 출옥한 궁의 청지기였던 진위오장을 찾았다. 소식을 듣고 감옥에서 출옥한 몇 명이 더 찾아왔다. 백범은 이들의 극진한 대접을 받으며 며칠을 지냈다. 이들은 백범에게 갓과 두루마기, 망건 등을 마련해 주었고, 노자까지 한 짐 챙겨주었다.

백범은 안태훈의 집에서 만나 만주 지역을 함께 답사하였던 김형진을 만나보려는 생각에서 전라도 남원으로 향했다. 그러나 김형진은 만날 수 없었다. 대신 그의 동생이 그가 이십여 일 전에 죽었다고 하였다.

백범은 남원을 떠나 무안과 목포로 향했다. 목포에서 양봉구를 만나 탈옥 이후의 소식을 들었다. 조덕근은 다시 잡혀 인천감옥으로 들어갔다고 하였고, 인천과 목포 간에 순검들이 내왕하고 있으니 목포는 오래 머물 곳이 못 된다고 하였다. 이에 백범은 다시 발길을 옮겼다. 목포를 떠나 해남·강진·완도·장흥·보성·순창·하동 등지를 거쳐 충청도로 들어와 계룡산 갑사에 도착하였다. 그리고 갑사에서 이 서방이라는 선비를 만났다. 이 서방은 여기서 멀지 않은 곳에 마곡사라는 절이 있으니 그 절이나 같이 구경하자고 하였다. 백범은 마곡사라는 말에 솔깃하였다. 『동국명현록東國明賢錄』에서 '마곡사 상좌승이 밤중에 죽을 끓이다가 졸음을 이기지 못하여 솥에 빠져 죽었는데, 다른 중들은 전혀 알지 못하고 죽을 퍼먹었다'는 이야기를 본 일이 떠올랐기 때문이다. 백범은 이 서방과 함께 마곡사로 향했다.

백범은 마곡사에서 백발노승 하은당荷隱堂을 만났다. 하은당은 백범에게 자신의 상좌上佐가 되는 것이 어떻겠느냐고 권하였다. 백범은 "나는 학식이 모자라고 재질인 둔하다"며 겸손하게 사양하였지만 노승의 권고는 계속되었다. 하룻밤이 지나고 보니 이 서방이 삭발을 하고 나타났다. 이에 백범의 마음도 움직였다. 속세의 번민들이 모두 없어지는 것 같았다. 백범은 승려가 되기로 하였다.

백범은 마곡사 옆을 흐르는 계곡에서 머리를 잘랐다. 법당에서 종이 울리고 각 암자에 있던 스님들이 모여 들었다. 백범은 검은 장삼과 붉은 가사를 입고 대웅보전으로 인도되었다. 하은당은 백범의 승명을 원종圓宗이라 명명하고, 불전에 고하였다. 이어 경문을 낭독하고, 불교 계율의

백범이 승려가 되어 머물던 공주의 마곡사

근원이 되는 다섯 가지 계율을 일러주었다. 예불을 마치고, 절 안에 있던 많은 대사들에게 차례대로 돌아가며 절을 하였다. 백범은 원종이란 법명을 가진 승려가 되었다.

백범은 하은당 스님의 상좌가 되었다. 승려가 되고 보니, 그동안 상놈으로 양반에게 당한 원한을 갚고자 하였던 것이 헛된 생각이라고 여겨졌다. 백범은 장작도 패고 물도 길어 오면서 순종하며 지냈다. 밤에는 예불절차와 『천수심경千手心經』 등을 외웠고, 학식이 높은 용담스님으로부터 불가의 학문뿐만 아니라 세상 돌아가는 이치도 배웠다. 절 안에 있는 중들이 "은사가 노인이니 그분이 작고하면 엄청난 재산이 다 원종대사의 차지가 될 것"이라며 부러워하는 자들도 있었다. 그러나 백범은 세상과의 인연을 끊지 못하고 있었다. 부모님의 생사 여부도 모르고 있었고, 자신을 구출하기 위해 전 재산을 다 바쳤던 김주경의 소식도 알고 싶었다. 고능선 선생도 보고 싶고, 안태훈도 만나고 싶었다. 백범은 금강산으로 가서 경전을 연구하겠다고 하였다. 이는 곧 떠나겠다는 말이었다. 하은당은 여비를 마련해 주었다.

1899년 봄, 백범은 마곡사를 떠나 서울로 향했다. 머리를 깎은 지 몇 달 만이었다. 서대문 봉원사에서 하룻밤을 묵게 되었는데, 거기서 혜정慧定이란 승려를 만났다. 평양 구경을 하자며 그와 함께 길을 나서 수양산에 이르렀다. 백범은 혜정에게 자신의 사정을 이야기하고 비밀리에 텃골에 가서 부모님의 안부를 알아보고 오라고 부탁하였다. 혜정은 백범의 부모님과 함께 돌아왔다.

백범은 승려가 되어 다시 부모를 만났다. 백범이 탈옥하여 승려가 되는 동안, 부모님은 온갖 고초를 겪었다. 부모님은 백범의 말대로 고향으로 돌아갔지만, 집에 도착하자마자 순검들이 뒤따라와 체포되어 온갖 형벌을 다 당하고 인천감옥에 갇혔다. 어머니는 곧 석방되었지만, 아버지는 세 달 동안이나 감옥 생활을 하였다. 탈옥한 자식이 살았는지 죽었는지 알지 못하던 중에 혜정이란 승려가 찾아왔다. 부모님은 "네가 내 아들이 있는 곳을 알고 왔을 터이니, 너를 따라가면 내 자식을 볼 수 있을 것"이라고 하며 따라 온 것이었다.

백범은 부모님을 모시고 평양으로 향했다. 모란봉에서 단오절 구경을 하고 내려오던 길에 유학자 전우田愚의 제자라고 하는 최재학崔在學이라는 학자를 만났다. 그의 소개로 평양 진위대 영관 전효순全孝淳을 만나 대보

산 영천암靈泉庵에 머물게 되었다. 최재학을 도와 전효순의 자식들의 공부에 힘을 보태달라는 조건이었다. 백범은 영천암에서 부모님을 모시고 지냈다. 승복을 입고 영천암에서 생활하였지만, 백범은 점점 불가와 멀어져 갔다. 승복을 입은 채로 고기를 먹었고, 염불을 하는 대신에 시를 외웠다.

하루는 근처 훈장이 시객들을 데리고 절 안으로 들어와 시를 지어 낭송한 일이 있었다. 백범이 보니 글씨도 촌티가 나고 시도 변변치 않았다. 백범은 자신도 끼워달라고 하여 이들을 우롱하는 시를 지었다. 이 소식이 평양에 전파되어, 평양 일대에서 백범을 걸시승乞詩僧이라 부르기도 했다.

백범은 부모님과 함께 영천암에서 지냈지만, 아버지는 다시 삭발하는 것을 원치 않았다. 백범은 머리를 깎지 않은 장발승이 되었다. 네댓 달이 지난 후, 백범은 승복을 벗었다. 그리고 상투를 틀고 부모님과 함께 고향 텃골로 돌아왔다.

양반도 깨어라, 상놈도 깨어라

백범은 고향에 머물며 새로운 세계를 만났다. 기독교였다. 동학, 유교, 불교를 접했던 그가 다시 기독교를 접하게 된 것이었다. 당시 평안도와 황해도 지역에는 기독교 인사들이 중심이 되어 신교육운동을 전개하고 있었다. 이를 보면서 백범이 알게 된 것이 있었다. 신교육이 기독교로부터 계발되었다는 사실과 기독교인들이 신앙심과 더불어 애국사상을 갖고 있다는 점이었다.

백범은 신교육의 중요성을 깨닫고 있었다. 1900년 말에 고능선을 찾아갔을 때의 일이다. 그는 서양의 나라들은 공자와 맹자의 그림자도 보지 못하였지만, 국가제도가 잘 갖추어져 있고 문명도 발달하였다고 하면서 오랑캐에게서도 배울 것이 많다고 하였다. 고능선은 대유학자로 그가 평생토록 잊지 못한 스승이었다. 백범은 고능선에게 "우리는 세계문명 각국의 교육제도를 본받아서 학교를 세우고 백성의 자녀들을 교육하여 그들을 건전한 2세들로 양성해야 합니다"라며, "이것이 우리나라를 망하는 것으로부터 구할 수 있는 길이라고 생각합니다"라는 말도 덧붙였다.

이처럼 백범은 교육이야말로 나라를 구하는 애국의 길로 여겼고, 기독교가 그 역할을 수행하고 있다고 생각하였다. 기독교에 대해 관심을 갖게 되었을 때, 그에게 기독교 신봉을 권한 인물이 있었다. 우종서禹鍾瑞였다. 우종서는 백범이 동학 접주로 있을 때 농민군의 종사로 있던 인물이었는데, 당시에는 전도사로 활동하며 황해도 은율과 신천 등지에서 기독교를 전교傳教하고 있었다. 또 황해도 장연 소래교회 지도자로 활동하던 김윤오金允五도 알게 되었다. 백범은 부친상을 탈상脫喪한 후에 기독교를 신봉하고자 하였다.

백범이 기독교에 입교한 것은 1903년 가을이었다. 이해 11월에 헌트W. B. Hunt 목사가 한 달여 동안 황해도 지방을 방문하여 세례를 준 일이 있는데, 백범도 이때 세례를 받았던 것 같다. 세례를 받은 백범은 그해 겨울 평양에서 열린 사경회査經會에 참석하여 정식으로 기독교 교리와 성경을 공부하였다. 사경회는 성경 공부와 교회지도자를 훈련시키는 모임

황해도 장련에서 광진학교 교사로 활동할 때

이었다. 이후에도 그는 여러 번 사경회에 참가하여 집중적인 성경 공부
와 교회지도자 훈련을 받았다.

　사경회를 통해 백범은 오순형吳舜炯과 최광옥崔光玉 등을 만나게 되었
다. 오순형과 최광옥은 숭실학교 학생으로, 백범의 활동에 적지 않은 영
향을 끼친 인물이다. 특히 오순형은 장련의 갑부인 오인형의 동생으로,
백범이 교회와 교육운동에 나설 수 있는 계기를 마련해 주었다. 오순형
은 자신의 집과 산림, 과수와 전답을 백범에게 맡겼고, 백범은 1904년
2월에 장련으로 이사하였다.

　백범은 장련에서 최광옥과 함께 학생들을 가르치며, 다른 한편으로
는 예수교를 전교하는 활동을 시작하였다. 오인형의 사랑방에서 학생들

을 모아 가르치기도 하고, 주일 예배를 하며 예수교를 전교하였다. 이러한 활동으로 교세도 크게 일어났고, 학교도 점차 발전되었다. 그는 장련에서 공립학교가 설립되자, 장의택張義澤·임국승林國承 등과 교원이 되어 학생들을 가르쳤다.

이러한 교육과 교회활동은 그에게 많은 변화를 가져다 주었다. 결혼을 하게 된 것도 그중 하나다. 백범은 스승 고능선의 손녀딸과 약혼하였다가 파혼한 일이 있었다. 또 집안 할머니의 중매로 여옥如玉이란 처녀와 약혼하였지만, 결혼 전에 여옥이 병으로 세상을 떠난 일도 있었다. 그리고 최광옥의 중매로 안창호의 여동생인 안신호安信浩를 만나 혼약하였지만, 성사되지 못하였다. 그러다가 신천 예수교회 양성칙梁聖則의 권유로 최준례崔遵禮를 만나 결혼하였다. 결혼 후 백범은 신식교육을 받아야 한다며 최준례를 서울에 있는 경신여학교에 보냈다.

백범이 을사늑약 반대운동에 참여하고, 구국운동의 길로 나서게 된 것도 또 하나의 변화였다. 백범은 교육과 교회활동을 전개하며 황해도와 평안도 지역의 인사들을 만나게 되었다. 1905년 11월에 을사늑약이 체결되자 이에 대한 반대투쟁이 전개되었고, 이를 위해 기독교 인사들이 서울에 있는 상동교회로 모였다. 백범은 엡윗청년회Epworth League 진남포 대표로 상동교회 모임에 참석하였다. 당시 상동교회에는 전덕기·정순만·이준·이동녕·이회영·옥관빈·조성환 등 많은 인사들이 모였다.

상동교회에 모인 인사들은 을사늑약 반대운동을 전개하기로 하였다. 방법은 4~5명씩 연명連名으로 상소한다는 것이었고, 이준이 작성한 상소문을 가지고 대한문 앞에서 시위를 벌였다. 백범도 이러한 상소와 시위운동에 참석하여 일제 경찰과 맞서기도 하였다. 그리고 민영환閔泳煥의 자결소식을 듣고 조문을 하러 가기도 하였다. 그러나 일제 경찰이 이들을 체포하고 구금하는 상황이 계속되면서, 대부분의 인사들이 애국사상과 신교육을 실시해야 한다며 흩어졌다. 백범도 황해도로 돌아왔다.

백범은 장련과 안악 등을 중심으로 교육활동에 전념하였다. 장련에서 우종서가 운영하던 서명의숙西明義塾 교원으로 활동하였고, 1907년 1월에는 안악으로 옮겨 양산학교楊山學校 교사가 되었다. 양산학교는 안악의 갑부이자 일본 유학생 출신인 김홍량金鴻亮이 세운 학교로, 백범을 교사로 초빙한 것이었다. 당시 안악에는 김용제金庸濟·김홍량·최명식崔明植 등의 인사들이 읍내에 안신학교安新學校와 양산학교를 설립하였고, 더불어 교육진흥과 산업발달을 목적으로 한 면학회를 조직하여 활동하고 있었다. 이러한 활동으로 인해 안악이 황해도 신교육운동의 중심지로 부각되었다.

백범은 안악을 중심으로 한 교육활동의 중심인물이 되었다. 황해도 전 지역을 대상으로 교육을 보급할 목적으로 1908년에 해서교육총회가 설립되었을 때, 학무총감을 맡게 되었다. 그의 임무는 황해도 각 지역을 순방하며 교육기관 설립과 상황을 살피는 것이었다. 이때 그는 환등기를 가지고 다니며 동서양 영웅들의 사진을 보여주기도 하고, '양반도 깨어라, 상놈도 깨어라', '한인이 일본을 배척하는 이유는 무엇인가'라는 제목으로 민중을 계몽하는 활동을 전개하였다.

백범은 무엇보다도 민중에 대한 계몽이 시급하다고 생각하였다. 일반 민중들이 국가의 흥망이나 일제의 침략에 대해 깨닫도록 해야 한다는 것이 그의 생각이었고, 이를 위해 신교육과 애국사상의 고취가 절실하다고 여겼다. 부인 최준례를 서울로 유학 보낸 것도 그러한 이유였다. 이러한 활동을 통해 백범은 황해도 지역의 주요 인물로 부상하였고, 또 많은 동지들을 만나 구국운동에 나서게 되었다.

망국노의 근성이 있지 않나 부끄럽다

나는 평소에 무슨 일을 보든지 성심껏 한다는 자신도 있었다. 그러나 나라를 구원하고자, 즉 나라가 남에게 먹히는 일이 없게 하겠다는 내가 남의 나라를 한꺼번에 삼키고 거듭 되씹어대는 저 왜구처럼 일에 밤을 새워본 적이 몇 번이던가? 이렇게 자문해보니 온 몸이 바늘침대에 누운 듯 통절한 중 내가 과연 망국노의 근성이 있지 않은가 싶어 부끄러운 눈물이 눈시울에 가득 찼다.

이는 백범의 민족과 국가에 대한 생각을 가장 잘 나타내 주는 말 중의 하나가 아닐까 한다. 백범은 1911년 정월에 안명근사건과 관련되어 일제 경찰에 체포되어 가혹한 고문을 받았다. 고문을 받을 때, 밤을 새워가며 자신을 고문하는 경찰을 보면서 '과연 나는 나라를 구하겠다면서 몇 번이나 밤을 새워본 적이 있었나'를 반문하였다. 자신의 나라를 위해 밤을 새워가며 고문을 하는 일제 경찰을 보며, 백범은 자신에게 망국노의 근성이 있는 것이 아닌가 하는 생각을 하였고, 이러한 자신이 부끄러워 눈물을 흘렸다.

안명근사건은 안중근 의사의 사촌동생인 안명근이 안악지방을 중심으로 군자금을 모집하다가 발각되어 일어난 사건으로, 안악사건으로 불리기도 한다. 이 사건은 이듬해 105인사건 혹은 신민회사건이라고도 하는 데라우치 총독 암살조작사건의 단초가 되기도 하였다. 105인 사건은 일제가 대한제국을 강제로 병합한 직후 신민회를 중심으로 한 민족운동가들을 탄압하기 위해 조작한 것으로, 사건을 조작하기 위해 혹독한 고문을 자행하였고, 김근형과 한태동 등은 고문을 받다가 숨지기도 하였다. 백범도 잔인하고 혹독한 고문을 받았다. 백범은 『백범일지』에 그가 받았던 고문에 대해 비교적 상세하게 서술하였다. 당시 일제가 자행한 고문에는 크게 가혹한 고문, 굶기는 것, 회유의 세 가지 방법이 있다고 하면서, 고문의 실상을 다음과 같이 언급하였다.

채찍과 몽둥이로 마구 때리기, 또 두 손을 등 뒤로 포개게 하고 오랏줄로 결박하여 수형자를 작은 의자 위에 세워둔다. 그 다음 천장의 쇠고리에 오랏줄을 끌어올려 한편에 잡아매고 발 받침을 들어내면 온몸이 공중에 매달려 질식하게 된다. 그 다음에는 결박을 풀고 찬물을 전신에 뿌려 숨을 되돌린다. 화로에 쇠막대기를 즐비하게 놓아 발갛게 달군 후 그 쇠막대기로 온몸을 마구 지져댄다. 또 손가락 크기의 각목 3개를 세 손가락 사이에 끼우고 양쪽 각목 끝을 노끈으로 묶는 것과 거꾸로 매달아 콧구멍에 찬물을 부어넣는 것 등이다.

당시 이 사건을 조작하고 주도한 것은 경무총감 아카시 모토지로明石

元二郎인데, 그는 쿠데타 공작의 전문가이자 동서양의 고문기술을 습득한 고문의 최고 전문가로 알려진 인물이었다. 백범은 발갛게 달군 쇠막대기로 온몸을 지지는 고문을 받을 때, "이 쇠가 식었으니 다시 달궈오라"고 했던 박태보의 말을 되뇌었고, 온몸을 몽둥이로 구타할 때는 "속옷을 입어서 아프지 않으니 속옷을 다 벗고 맞겠다"고 하였다.

백범은 여덟 차례나 고문을 받았다. "나의 생명은 빼앗을 수 있거니와 내 정신은 빼앗지 못하리라"며 고문을 견뎌냈지만, 매번 정신을 잃을 정도로 가혹한 고문을 당하였다. 그런 중에 정신이 들었을 때, 밤을 새워가며 자신을 고문하는 경찰을 쳐다보고, 자신은 나라를 구하겠다며 밤을 새워본 일이 있었는가를 반문한 것이고, 자신에게 망국노의 근성이 있지 않은가 생각되어 부끄러운 눈물을 흘린 것이었다.

자신이 체포된 것에 대해서도 나라가 망할 때 구국사업에 전력을 다하지 못한 죄 때문인 것으로 여겼다. 백범은 안명근사건과는 직접적인 관계가 없었다. 일제가 안명근사건을 계기로 황해도 지역의 주요 인사들을 체포하는 과정에서 그도 체포된 것이었다. 백범은 서울로 압송되어 일제 경찰의 신문을 받게 되었을 때 "국가가 망하기 전 구국사업에 성의, 성력을 십분 발휘하지 못한 죄를 받게 된 것"이라 말하였다. 자신은 직접적인 관련이 없고, 억울하게 체포를 당한 것이기도 하지만, 구국사업에 전력을 다하지 못한 죄 때문에 체포된 것으로 여긴 것이다.

백범은 가혹한 고문을 당하고, 15년형을 선고받았다. 그리고 1912년에 메이지明治 일왕이 죽었을 때 7년형으로, 또 메이지 일왕의 부인이 죽자 5년형으로 감형되어 1915년에 가출옥으로 석방될 때까지 서대문감옥과 인천감옥에 수감되어 있었다.

감옥에 수감되어 있는 동안 백범은 민족과 국가의 존재를 가슴으로 더욱 더 깊이 새겼다. 자신의 이름을 김구金龜에서 거북 '구龜'자를 아홉 '구九'자로 바꾼 것이 하나의 예이다. 백범은 나라가 망하고 일제의 식민지 지배를 받는 현실을 인정하지 않았고, 왜의 민적民籍에 자신의 이름이 오르는 것을 원치 않았다. 왜의 민적에서 벗어나기 위해 이름을 거북 '구'에서 아홉 '구'자로 바꾸었다. '金龜'라는 이름은 일제의 민적에 등재되어 있지만, '金九'라는 이름은 등재되지 않았다. 이후 그는 '김구金九'라는 이름을 사용하였다. 자신의 호를 백범白凡이라고 한 것도 그러한 예이다. 백범은 감형을 받으면서, 자신이 살아서 나갈 수 있겠다는 희망을 갖게 되었다. 그리고 독립국민으로 살 수 있다는 희망도 있었다. 이에 최하 계층인 백정白丁과 일반 백성인 범부凡夫들이라도 애국심을 갖게 되면 독립국민이 될 수 있다는 바람에서, 자신의 호를 백범이라고 하였다.

백범은 감옥에 있으면서 독립을 갈망하였다. 그리고 독립정부만 수립되면 자신은 무슨 일이라도 할 수 있다고 하며, "우리도 어느 때 독립정부를 건설하거든 나는 그의 집도 쓸고 창문도 닦는 일을 해보고 죽게 하여 달라고 하느님께 기도하였다"라고 하였다. 백범이 갈망한 것은 독립국가였다. 독립국가만 수립되면, 자신은 그 국가에서 가장 하찮은 일이라도 할 수 있겠다고 하였고, 독립된 국가의 국민으로 사는 것이 그의 희망이었다.

대한민국임시정부를 통한 독립운동

경무국장으로 임시정부를 옹위하다

1919년, 이해는 한민족의 역사가 뒤바뀌는 해이기고 하고, 백범에게도 그의 삶에 커다란 변화가 있었던 해였다. 계기는 1919년 3월 1일에 발표된 독립선언이었다. "오등은 자에 아조선의 독립국임과 조선인의 자주민임을 선언하노라"고 시작되는 독립선언의 핵심은 독립국임을 선언한 데 있었다. 한민족은 일제의 식민지 지배를 부정하고, 독립국이라는 것을 대내외에 천명한 것이다. 독립국임을 선언한 후, 국호를 '대한민국'으로 하는 임시정부를 수립하였다.

대한민국임시정부는 중국 상해에서 1919년 4월 11일에 수립되었다. 독립을 선언한 후, 국내외에서 활동하던 많은 인사들이 상해로 모였다. 상해로 모인 이유는 독립선언을 통해 천명한 독립국을 세우기 위해서였

민족과 국가를 위해 살다 간 지도자 김 구

다. 이들 중 각 지역을 대표한 29명이 회합을 가졌다. 이들은 먼저 모임의 명칭을 임시의정원으로 결정하고, 이동녕李東寧을 의장으로 선출하고, 손정도孫貞道를 부의장으로 선출하였다. 의정원은 요즘 국회와 같은 개념으로, 먼저 국회를 구성한 것이었다. 그리고 곧바로 제1회 임시의정원 회의를 열었다.

의정원 회의는 의장 이동녕의 사회로 진행되었다. 여기에서 가장 먼저 결정한 것은 국호였다. 국호는 대한민국으로 결정되었다. 이어 대한민국을 유지하고 운영하기 위한 정부 수립에 들어갔다. 국무총리를 행정수반으로 하는 관제官制를 결정하고, 국무총리에 이승만李承晚을 비롯하여 내무·외무·군무·법무·재무·교통 등 행정부서 책임자를 선출하였다. 그리고 헌법으로 대한민국임시헌장을 제정하여 통과시켰다. 이로써 국호를 대한민국으로 한 임시정부가 수립되었다. 이것이 바로 대한민국임시정부(임시정부, 임정)이다.

임시정부의 수립은 한민족의 역사에서 몇 가지 중요한 의미를 갖는다. 우선 대한민국이라는 국가를 세웠다는 점이다. 한민족은 반만년 역사를 유지해오는 동안 고조선·부여·고구려·신라·백제·고려·조선 등 많은 국가를 세웠다. 나라가 망하면 또다시 새로운 나라를 세우면서 역사를 유지해온 것이다. 1910년에 대한제국이 망한 이후, 새로이 세운 국가가 대한민국이었다.

그리고 한민족 역사상 처음으로 국민이 주권을 행사하는 민주공화제 정부를 수립하였다는 점이다. 임시정부의 수립과 더불어 제정되고 공포된 대한민국임시헌장 제1조에 '대한민국은 민주공화제로 함'이라고 하였다. 대한민국임시헌장은 임시정부의 헌법이었다. 임시정부가 수립되면서 한민족의 역사가 군주주권에서 국민주권으로, 전제군주제에서 민주공화제로 바뀌게 되었다. 그리고 백범의 삶에도 커다란 변화가 있었다. 임시정부에 참여하여 활동하게 된 것이었다. 백범은 3·1운동 소식을 황해도 안악에서 듣고 망명길에 올랐다. 목적지는 상해였다. 독립선언에 직접 관여하지는 않았지만, 황해도 지역의 인사들을 통해 그 취지와 동향은 알고 있었다.

백범이 도착하였을 때, 상해에서는 임시정부가 수립되었다. 백범은 임시정부 수립에는 참여하지 못하였지만, 곧바로 임시정부에 참여하였다. 백범은 4월 13일에 발표된 7개 위원회 중 신익희申翼熙·윤현진 등 8명과 함께 내무위원에 임명되었다. 내무위원은 내무부를 구성하는 위원이었다. 당시에는 국무총리 이승만을 비롯하여 각 부서의 총장들이 대부분 외국에 있어 상해에 도착하지 못한 상태였고, 차장을 중심으로 각 부서마다 위원을 두어 활동하고 있었다.

임시정부가 본격적인 활동을 시작한 것은 6월 말부터였다. 내무총장에 선출된 안창호가 미국에서 상해에 도착하여 6월 28일부터 집무하기 시작하였다. 국무총리 이승만은 미국에 있었고, 각부 총장들도 아직 도착하지 않았다. 안창호는 내무총장과 국무총리 대리를 겸직하면서 임시정부의 조직을 갖추고, 정부로서의 기반을 마련해 나갔다.

백범은 안창호를 찾아가서 임시정부의 문지기를 시켜 달라고 부탁하였다. 서대문감옥에 있을 때, "우리도 어느 때 독립정부를 건설하거든 나는 그 집의 뜰도 쓸고 창문도 닦는 일을 해보고 죽게 해달라"고 기도

大韓民國臨時政府
在上海一員職同紀攝影
大韓民國元年十月十一日

대한민국 임시정부 직원 일동(1919. 10. 11.)　　두 번째 줄에서 가장 오른쪽이 백범이다.

한 적이 있었다. 그 마음으로 안창호에게 문지기를 부탁한 것이었다. 안
창호는 백범에게 국무회의에 제출하여 결정하겠다고 하였고, 다음 날
그를 경무국장에 임명하였다.

　경무국장은 내무부 산하에 있는 기구로, 경찰을 총괄하는 책임자였
다. 주요 임무는 경찰·정보·감찰·법원 등의 기능을 담당하는 것이었
지만, 무엇보다도 중요한 임무는 임시정부를 보호하는 일이었다. 임시

정부가 수립되자 일제는 온갖 수단과 방법을 동원하여 임시정부를 파괴하려고 하였다. 일제의 파괴 공작은 다양한 방법으로 전개되었다. 당시 임시정부가 있던 프랑스 조계지와 멀지 않은 곳에 상해 일본총영사관이 있었다. 일제 총영사관이 프랑스 조계 당국에 독립운동자의 체포를 요구하기도 하였고, 경찰을 동원하여 체포에 나서기도 하였다.

그리고 일제 경찰 못지않게 두려운 것이 있었다. 바로 밀정이었다. 총영사관은 물론이고, 국내에 있던 조선총독부와 여러 기관에서도 밀정들을 파견하였다. 밀정들은 한국인이었다. 이들은 임시정부가 있는 프랑스 조계지에 들어와 정탐활동을 벌이기도 하고, 투항과 변절을 유도하거나 임시정부에 대한 반대와 파괴운동을 벌였다. 임시정부 주변에는 일제가 파견한 많은 밀정들이 들끓고 있었다.

이러한 일제의 파괴공작으로부터 임시정부를 지켜내고 보호하는 것이 경무국장의 임무였다. 백범은 휘하에 양산학교에서 가르친 제자 나석주羅錫疇 등 경호원 20여 명의 대원을 데리고 있었다. 이들을 지휘하여 경찰의 임무를 수행하면서 밀정을 색출하는 작업을 벌였다. 이에 따라 많은 밀정들이 발각되고 잡혔다. 밀정은 임시정부 내부에 깊숙이 파고들었다. 경호원 중에도 밀정이 파고들 정도였다. 그가 데리고 있던 경호원 중 한태규韓泰奎란 인물이 일제에게 매수되어 밀정 활동을 한 경우도 있었다.

그리고 프랑스 조계 당국과도 긴밀한 관계를 맺어야 했다. 프랑스 조계 당국은 임시정부의 활동을 어느 정도 보장해 주었지만, 일제 측으로부터 독립운동자에 대한 체포나 수색에 대한 요구를 받을 때도 있었다.

또 한국인들이 잘못하여 프랑스 조계 경찰에 감금당하는 일도 일어났다. 백범은 임시정부가 재정적으로 어려웠지만, 크리스마스 등이면 프랑스 조계 당국에 선물을 보냈다. 선물의 효과는 적지 않았다. 일제 측의 요구가 있을 때 프랑스 조계 당국이 먼저 정보를 알려주어 피신하도록 하였고, 동포들이 프랑스 경찰에 체포된 경우에는 백범이 보증해 주면 석방시켜 주었다.

이에 따라 백범은 일제 경찰의 표적이 되었다. 총영사관에서는 백범을 제거하기 위해 밀정을 들여보내 처단을 시도

아내 최준례의 묘비를 세우고(1924)

하는 등 온갖 방법을 동원하였기 때문에 백범은 프랑스 조계 밖으로 나갈 수 없었다. 당시 상해는 프랑스 조계, 미국과 영국의 공공 조계, 그리고 일본인의 거주지인 홍구 지역으로 나뉘어 있었다. 백범은 상해에서 활동하는 13년 동안 프랑스 조계 밖을 거의 나갈 수 없었다. 심지어는 부인 최준례가 숨을 거둘 때도 찾아가 보지 못하였다. 최준례는 1920년에 큰 아들 인(仁)을 데리고 상해로 왔다. 이어 어머니도 와서 함께 살았다. 그러나 최준례는 둘째 아들 신(信)을 낳고 산후조리를 하던 중에 계단에서 넘어져 병을 얻었다. 홍구 지역에 있는 폐병원에 입원하였다가 1924년 1월에 세상을 떠났다. 부인이 임종을 앞두고 있었지만, 백범은

그곳이 홍구 지역이라 가서 볼 수 없었다.

백범은 경무국장으로 참여한 이후, 임시정부를 옹위하는 데 앞장서서 활동하였다. 대표적인 사례가 1923년에 열린 국민대표회의로 인한 임시정부의 존립 위기를 수습한 것이다. 수립 이후 임시정부가 여러 가지 요인으로 인해 제 역할을 감당하지 못하자, 국내외 인사들이 효율적인 독립운동 방안을 협의하기 위해 국민대표회의를 개최하였다. 회의는 국내외에서 140여 명이 참가한 가운데 1923년 1월부터 5개월여 동안 진행되었다. 그렇지만 임시정부의 체제를 개편하자는 개조파와 임시정부를 해체하고 새로 정부를 수립하자는 창조파로 나뉘어 대립하다가 결렬되고 말았다. 회의가 결렬된 후 창조파는 임시정부 해체를 주장하고, 별도로 새로운 정부 수립을 선언하였다.

당시 백범은 내무총장을 맡고 있었다. 백범은 창조파의 행위를 용납할 수 없었다. 창조파가 새로운 정부 수립을 선언하자, 이를 임시정부에 대한 반역행위로 규정하였다. 그리고 '2천 만 민족의 공동위탁에 의해 국민대표회의의 일체 행위와 즉시 해산을 명령한다'는 내용의 내무부령을 발표하여, 내무총장 직권으로 국민대표회의에 대한 해산을 명령하였다. 결국 창조파 인사들은 연해주로 떠나갔고, 임시정부는 존립 위기에서 벗어나게 되었다.

수립 이후 내부적인 갈등과 대립으로 인해 많은 인사들이 임시정부를 떠났지만, 백범은 임시정부를 지키고 있었다. 미국에 있던 대통령 이승만과 국무총리 이동휘李東輝를 비롯하여 상해에 있던 국무위원들 사이에 대립과 갈등이 빚어지면서, 많은 인사들이 임시정부를 떠났다. 상해에 부임하였던 이승만은 하와이로 돌아갔고, 이동휘는 연해주로 돌아갔다. 안창호도 노동국총판을 사직하였고, 신익희와 노백린盧伯麟 등 주요 인사들도 떠났지만 백범은 떠나지 않았다.

어머니와 자식을 국내로 들여보내면서도, 백범은 임시정부를 지켰다. 부인이 세상을 떠난 뒤에 어머니가 어린 손자 둘을 키웠다. 큰아들은 혼자 걸을 수 있었지만, 둘째 아들은 젖먹이였다. 어머니가 빈 젖을 물렸지만 소용이 없었다. 어머니는 고아원에 맡기면 우유라도 먹을 수 있을 것이라고 하며 고아원에 맡겼다가 안쓰러워 다시 찾아오기를 몇 번이나 반복하였다. 백범은 어머니와 아들을 국내로 보내기로 하였다. 고향에 가면 굶어죽기야 하겠냐는 생각에서였다. 백범은 뱃삯을 마련하여 어머니와 아들을 보냈다. 그리고 자신은 상해에 남아 임시정부를 지켰다.

백범은 가정을 지키지 못하는 한이 있어도, 임시정부만은 지키고자 하였다. 이유는 다른 데 있지 않았다. 독립국가에 대한 갈망 때문이었다. 그는 서대문감옥에 있을 때 '독립정부만 서면 정부의 뜰도 쓸고 창문도 닦는 일을 해보고 죽겠다'는 소망을 갖고 있었다. 임시정부는 그가 바라던 독립정부였던 것이다.

백범은 임시정부를 옹위하면서, 다른 한편으로는 한국노병회韓國勞兵會를 결성하여 독립전쟁을 위한 준비를 추진하였다. 경무국장 시절 이래 백범의 휘하에는 많은 청년들이 있었다. 백범은 이를 기반으로 1922년 10월에 여운형·손정도·이유필·김인전 등과 노병회를 조직하고 이사장을 맡았다. 노병勞兵은 노동자이면서 병사라는 뜻으로, 만 명의 노병을 양성하고, 백만 원의 자금을 마련하여 독립전쟁을 전개한다는 것을 목표로 설정하였다.

노병회는 한편으로는 자금을 모집하고, 다른 한편으로는 군사간부를 양성하였다. 군사간부 양성을 위해 청년들을 중국의 군사강습소나 강무당에 입교시켰다. 이동건·성준용·나석주·송호성 등 10여 명을 하북성에 있는 한단군사강습소邯鄲軍事講習所에, 또 최천호·채원개·박희곤 등을 하남성에 있는 낙양강무당洛陽講武堂에 입교시킨 것이 그러한 사례이다.

국무령으로 임시정부를 떠맡다

백범은 1926년에 임시정부의 행정수반으로 최고지도자가 되었다. 국무령國務領에 선임된 것이었다. 국무령은 대통령의 명칭을 바꾼 것으로, 임시정부의 행정수반을 일컫는 용어이다. 경무국장에서 시작한 백범은 내무총장을 역임하였고, 국무령을 맡게 되었다. 여기에는 이유가 있었다.

이유는 두 가지였다. 하나는 이승만 대통령의 탄핵이었다. 임시정부는 1919년 9월 11일에 상해·한성·연해주에서 수립된 세 임시정부를 통합하여 새롭게 출발하면서, 헌법을 개정하여 대통령 중심제를 채택하였다. 그리고 대통령에 이승만, 국무총리에 이동휘를 선출하고, 내각도 새롭게 구성하였다. 그러나 문제가 일어났다. 연해주에서 활동하던 이동휘는 상해로 와서 국무총리에 취임하였지만, 이승만이 '상해의 일은 국무총리가 담당하고, 미주의 일은 자신이 담당하겠다'는 역할 분담을 제의하고, 자신은 미국에서 대통령 직을 수행하겠다고 했기 때문이다.

이승만 대통령이 임지에 부임하지 않으면서, 임시정부는 수립 초기부터 내부적으로 혼란에 휩싸였다. 우선 '대통령은 임시의정원의 승낙 없이 멋대로 임지를 떠날 수 없다'는 헌법을 대통령 자신이 어긴 것이었다. 또 상해는 목숨을 담보할 수 없는 지역이고, 경제적으로도 어려운 상황이라는 점도 있었다. 이로 인해 상해에 있는 정부의 각료들과 대통령 사이에 갈등과 대립이 빚어졌다. 국무총리를 비롯한 국무위원들은 생명의 위협과 재정적 어려움을 감내하며 상해로 부임하여 정부를 운영하고 있는데, 대통령은 그렇게 하지 않으려 했기 때문이다.

또 다른 요인도 있었다. 위임통치청원과 대통령 칭호를 둘러싼 문제였다. 이승만은 파리강화회의 참석이 좌절되자 1919년 2월 25일에 미국 윌슨 대통령에게 국제연맹이 한국을 통치 해달라는 내용의 위임통치를 청원한 일이 있었다. 이는 임시정부 수립 당시부터 논란이 되었다. 이승만이 국무총리로 추천되자, 신채호가 위임통치청원 사실을 문제 삼아 선출을 반대하였다.

대통령이란 칭호를 둘러싸고도 문제가 일어났다. 국무총리에 선출된 이승만은 대통령President의 명칭으로 활동하였다. 안창호가 국무총리라고 하면서 대통령 칭호를 사용하지 않을 것을 요청하였지만, 이승만은 고집을 꺾지 않았다. 이에 안창호는 임시정부의 통합을 추진하면서 대통령 중심제로 헌법을 개정하고, 이승만을 대통령에 선출하였다. 이승만은 대통령이 된 이후에는 그 명칭을 사용하지 않고 집정관총재란 칭호를 사용하였다. 이에 안창호를 비롯한 정부의 각료들은 당혹하지 않을 수 없었다.

이승만이 상해에 부임하지 않은 것과 더불어 이러한 요인들이 대통령과 정부 각료들 사이에서 대립과 갈등으로 확산되었다. 정부를 비롯하여 임시의정원에서도 대통령의 부임을 촉구하였지만, 이승만은 이를 받아들이지 않았다. 이로 인해 상해에서는 대통령에 대한 반대 여론이 일어났다. 그리고 임시의정원 의원들이 1920년 5월에 대통령 불신임안을 제출하기에 이르자 이승만은 1920년 12월에 상해로 왔다. 대통령에 선출된 지 1년 3개월 만이었다. 정부 각료들과 상해의 교민들은 대통령의 부임을 대대적으로 환영하였다. 상해교민단 주최로 환영회를 개최하였고, 『독립신문』은 「우리 대통령 이승만 각하 상해에 오시도다」, 「우리의 원수, 우리의 지도자, 우리의 대통령을 따라 광복대업을 완성하기에 일심하자 협력하자」라는 기사를 게재하며 대통령에게 큰 기대를 걸었다.

이승만은 1921년 신년축하식을 계기로 대통령으로 공식적인 집무를 시작하였다. 그러나 시작하자마자 국무회의에서 국무총리 및 각료들과 심각한 대립을 빚었다. 특히 임시정부의 운영과 활동 방향에 대해 국무총리 이동휘와 격렬하게 대립하였다. 이승만과 이동휘는 이념과 노선에서 커다란 차이가 있었다. 이승만은 미국을 배경으로 하는 외교노선을 주장하고 자유주의 이념을 신봉하였지만, 이동휘는 연해주 일대에서 사회주의 이념을 기초로 하는 한인사회당을 결성하여 무장투쟁 활동을 주장한 것이었다.

대통령과 국무총리의 갈등으로 임시정부는 혼란에 휩싸였다. 타협점을 찾지 못한 채 혼란은 계속되었고, 결국 국무총리와 대통령이 모두 사퇴하였다. 이동휘는 연해주로 돌아갔고, 이승만도 하와이로 돌아갔다.

이어 안창호와 노백린 등 각료들의 사퇴가 이어졌다. 이로써 임시정부는 무정부상태와 다름없게 되었다. 임시정부가 파국을 맞게 되자 국내외 인사들이 상해에 모여 국민대표회의를 열었다. 그렇지만 개조파와 창조파로 나뉘어 대립하다가 결렬되고 말았다.

이에 따라 임시정부의 파국을 수습하자는 방안이 제출되었다. 대통령을 탄핵하자는 것이었다. 하와이로 돌아간 이승만은 임시정부의 무정부상태를 방치하면서도 대통령직은 유지하고 있었다. 그렇지만 헌법에 대통령 임기가 규정되어 있지 않아 별다른 도리가 없었다. 임시의정원에서 수차례 탄핵문제가 제출되었다. 결국 1925년 3월에 열린 임시의정원에서 이승만 대통령에 대한 탄핵을 결의하였다.

임시정부가 혼란스러웠던 또 하나의 이유는 국무령으로 선출된 이상룡李相龍·양기탁梁起鐸·안창호·홍진洪震 등이 취임하지 않은 것이었다. 이승만 대통령에 대한 탄핵과 더불어 임시의정원에서는 박은식朴殷植을 대통령으로 선출하였다. 박은식 정부는 헌법을 개정하여 대통령이란 칭호를 국무령으로 바꾸었다. 그리고 서간도 지역의 지도자인 이상룡을 국무령에 선출하였다. 이상룡은 상해로 와서 국무령에 취임하였지만, 내각을 구성하지 못하고 서간도로 돌아갔다. 이에 따라 양기탁과 안창호를 국무령에 선출하였지만, 이들은 취임하지 않았다. 이어 홍진이 국무령에 취임하여 내각을 구성하였지만, 홍진은 1926년 12월에 민족유일당운동을 추진한다는 이유로 사퇴하였다.

홍진이 사퇴한 후, 백범이 국무령으로 선출되었다. 임시의정원 의장 이동녕이 그를 국무령으로 천거한 것이었다. 백범은 두 가지 이유를 들어 사양했다. 첫째는 정부가 아무리 위축되었다고 해도 자신이 한 나라의 원수가 되는 것은 국가 민족의 위신을 떨어뜨린다는 것이었고, 둘째는 선임되었던 국무령들도 호응하는 인사가 없어 내각을 구성하지 못한 것이었는데, 자신을 호응할 인물이 더욱 없을 것이라는 이유였다. 그렇지만 임시의정원에서 그를 국무령으로 선임하였고, 백범은 1926년 12월 9일에 국무령에 취임하였다.

이로써 백범은 국무령이 되어 임시정부를 떠맡게 되었다. 당시 임시정부는 많은 인사들이 떠나면서 무정부 상태가 되어 있었고, 재정적 기반도 형편없었다. 남아 있는 것은 대한민국 임시정부의 이름뿐이었다. 백범에게는 임시정부의 최고 지도자라는 지위보다 임시정부를 일으켜 세워야 하는 짐을 짊어진 것이나 마찬가지였다.

백범은 국무령이 되어 그 짐을 짊어졌다. 국무령이 되고 가장 먼저 추진한 것은 정부의 조직을 갖춘 것이었다. 국무원으로 윤기섭(내무)·이규홍(외무)·오영선(군무)·김철(법무)·김갑(재무) 등을 임명하였다. 이들은 임시정부 수립 초기에 차장으로 활동하였던 인물들이다. 백범은 비교적 젊은 층으로 정부의 조직을 갖추었고, 이를 기반으로 임시정부를 다시 일으켜 세우고자 하였다. 이어 임시정부의 안정적인 운영 방안을 마련하였다.

첫번째 방안으로 헌법을 개정하여 집단지도체제를 마련하였다. 그동안 임시정부가 혼란을 겪었던 이유 중 하나는 대통령을 중심으로 한 단일지도체제였기 때문이다. 대통령이 대통령으로서의 의무나 책임을 다하지 않고 권한만 행사하려고 해도 어찌할 방도가 없었다. 백범은 단일지도체제보다 집단지도체제가 안정적이라 보고, 단일지도체제를 국무위원제로 바꾸었다. 국무위원제는 행정수반이 없고 국무위원이 공동책임을 지는 제도였다.

두 번째 방안은 임시정부의 기초를 공고히 하는 것이었다. 이를 위해 백범은 내무장과 상해교민단장을 맡았다. 상해교민단은 상해에 거주하는 한인들의 자치기관으로 내무부 산하 조직이었고, 임시정부의 기초 세력이나 다름없었다. 백범은 교민단장이 되어 상해에 거주하고 있는 한인의 호구와 자산 등에 대한 조사를 실시하였다. 이는 교민단의 조직을 강화하여 임시정부의 기초 세력을 견고하게 만들기 위한 것이었다.

세 번째 방안으로는 임시정부의 재정적 기반을 마련하고자 하였다. 많은 인사들이 임시정부를 떠나면서 자금줄도 함께 끊어졌다. 활동비는 커녕 20원 하는 임시정부 청사 집세도 내지 못할 정도였고, 백범 자신도 동포들의 집을 찾아다니며 끼니를 해결해야 하는 형편이었다. 이를 타개하기 위해 안창호0가 임시정부 경제후원회를 결성하여 활동하기도 하였다. 백범은 재무장을 맡아서 미주동포들에게 재정적 지원을 요청하는 편지를 쓰기 시작하였다. 일종의 '편지정책'이었다.

'편지정책'은 효과를 거두었다. 백범은 임시정부의 상황을 설명하고 동정을 구하는 진심어린 편지를 써 보냈고, 미주동포들이 이에 감동하여 회답을 보내오기 시작하였다. 시카고·하와이·샌프란시스코·멕시코·쿠바 등지에 있는 동포들이 의연금義捐金을 보내왔다. 이들의 후원은 눈물겨운 것이었다. 주로 노동으로 생활하던 동포들이 일부를 떼 내어 임시정부에 보낸 것이었기 때문이다. 동포들의 눈물겨운 후원으로 임시정부는 되살아날 수 있었다. 백범은 이들의 고마움을 잊지 못하였다.

누군가 내게 "종내 소원은 어떻게 죽는 것인가"고 묻는다면, "나의 최대 바라는 것은 독립 성공 후에 본국에 들어가 입성식을 하고 죽는 것이다. 최소한으로는 미국 하와이 동포들을 만나보고 돌아오다가 비행기 위에서 죽으면 죽은 몸을 아래로 던져 산중에 떨어지면 짐승들 뱃속에, 바다에 떨어지면 물고기들의 뱃속에 장사지내는 것이다"라고 대답했을 것이다.

이는 백범이 1943년 중경에서 『백범일지』 하권을 쓰면서 한 말이다. 백범은 돌아오다가 죽는 한이 있더라도 하와이에 있는 동포들을 먼저 만나고 싶어 했다. 이들이 보내준 후원에 감사하기 위해서였다. 백범은 미주동포들이 보내온 의연금이 얼마나 눈물겹고 소중한 것인지를 알았고, 그것을 아끼고 아꼈다. 이에 대하여 상해에서 백범과 함께 활동하였던 정화암은 다음과 같이 회고하였다.

백범 손에 돈이 들어오면 백범은 주머니에 넣고 실로 꿰매어 봉해 버립니다. 자기 사생활이 세상없이 어려워도 그 돈을 쓰는 법이 없어요. 어떤 사람이든지 일하려는 사람이 오면 그때서야 끌러서 다 줍니다.

이처럼 백범은 미주동포들이 보내 온 의연금을 사적으로 사용하거나 허투루 쓰지 않았다. 깊이 간직하였다가 임시정부 활동에 사용하였다.

한인애국단을 결성하여 의열투쟁을 전개하다

한인애국단 결성

만보산사건과 만주사변이 1931년에 일어나면서 동북아시아 정세에 커다란 변화가 일어났다. 이 두 사건은 임시정부의 상황을 어렵게 만들었다. 길림성 만보산에서 1931년 7월에 한중 농민 간에 수로를 둘러싸고 마찰이 일어났을 때, 일제의 이간離間과 허위보도로 인해 서울과 인천을 비롯한 국내의 여러 도시에서 중국인을 살해하는 일이 벌어졌고, 만주에서는 이에 대한 보복으로 중국인들이 한국인들을 살해하는 일이 일어났다.

만주사변도 임시정부를 어렵게 만들었다. 일제는 1931년 9월 18일에 심양의 유조구란 곳에서 철도를 폭파하고, 이를 빌미로 만주를 무력으로 침략하여 점령하였다. 일제가 만주를 점령하면서, 임시정부의 인적·물적 기반이 커다란 타격을 입게 되었다. 여기에 일부 친일적 한인들이 일제의 힘을 배경으로 중국인들에게 여러 가지 악행을 저지르는 일도 일어났다. 이러한 일들로 인해 중국인들의 한국인에 대한 증오와 적대행위가 확산되었고, 중국인들의 반한 감정이 고조되고 있었다.

임시정부는 이러한 난국을 타개 하고, 일제의 만주 침략이라는 정세 변화에 대응할 방안을 모색하였다. 그 방안으로 결정된 것이 특무활동이었다. 국무회의에서는 일제의 만주 침략으로 인해 중국인들의 항일운동이 고조될 것이라고 보았다. 그리고 적극적인 활동을 전개하여 난국을 타개하는 방안으로 암살과 파괴활동을 중심으로 하는 특무활동을 전개하기로 하였다. 특무활동은 최소한의 인원과 자금으로 결행할 수 있는 독립운동의 한 방법이었다.

국무회의에서는 특무활동에 대한 전권을 백범에게 맡겼다. 당시 백범은 임시정부 재무장과 상해교민단장을 맡고 있었다. 이러한 백범에게 인원과 자금의 동원을 비롯하여 암살과 파괴활동에 대한 모든 전권을 부여하고, 결과만 임시정부에 보고하도록 하였다. 백범이 그 책임을 맡게 된 데에는 여러 가지 이유가 있지만, 무엇보다도 그의 주변에 청년들이 많았기 때문이다. 백범은 경무국장 시절부터 함께 활동한 청년들이 많이 있었고, 청년들로부터 신뢰를 받고 있었다.

백범은 국무회의로부터 전권을 위임받은 후, 세 방향으로 일을 추진해 나갔다. 첫째로는 청년들을 모집하였다. 우선 안공근安恭根을 불러들였다. 안공근은 하얼빈에서 이토 히로부미를 사살한 안중근의 친동생으로 30여 년 전에 청계동에서 만난 적이 있었다. 안공근은 이 무렵에 조카 안원생安原生을 비롯한 청년들을 모아 암살을 목적으로 한 '8인단'을 조직하여 활동하고 있었다.

둘째로는 자금을 모집하였다. 백범은 미주동포들에게 편지를 써 보냈다. 이에 하와이에 있는 안창호安昌鎬 목사와 임성우林成雨 등이 적극적으로 후원하였다. 이들은 "우리 민족에게 큰 도움이 되는 일이라면 돈을 주선하겠는데, 무슨 사업을 할 것이냐"고 물어왔다. 백범은 "간절히 하고 싶은 일이 있으니 조용히 돈을 모아 두었다가 보내라는 통지가 있을 때 보내라"는 답장을 보냈다. 이들은 백범의 말을 그대로 따랐다. 그리고 1931년 11월에 특무공작을 위한 지원금 천 달러를 보내왔다.

셋째로는 폭탄을 준비하였다. 폭탄은 김홍일金弘壹을 통해 마련하였다. 김홍일은 평북 용천 출신으로 귀주강무당貴州講武堂을 졸업한 후 중국군으로 복무하고 있던 인물인데, 이때는 상해병공창에서 주임을 맡고 있었다. 당시 임시정부에서는 자체적으로 폭탄을 제조할 수 있는 기술이나 시설이 없었다. 이봉창李奉昌과 윤봉길尹奉吉이 사용한 폭탄은 모두 김홍일이 마련해 준 것이다.

백범은 이러한 준비를 추진하면서, 특무활동을 위한 기구로 한인애국단韓人愛國團을 결성하였다. 한인애국단의 결성이나 활동은 극히 비밀리에 이루어졌기 때문에 그 실상이 명확하게 밝혀져 있지 않다. 일제 측 정보자료에는 안공근이 한인애국단 참모라는 것과 그의 집이 연락처인 것으로 나타나 있다. 이외에 여러 자료를 통해 현재까지 단장 김구를 비롯하여 약 80명 정도의 단원이 있었던 정도만 알 수 있을 뿐이다.

이봉창과의 만남, 그리고 일왕저격의거

백범이 한인애국단 결성을 추진하고 있을 때, 그는 의기남아義氣男兒를 만났다. 바로 이봉창이었다. 이봉창은 서울 용산에서 태어나 어려운 가정환경에서 자랐고, 일본으로 건너가 막노동을 하며 지내다가 상해로 온 인물이었다. 그는 아무런 연고도 없이 임시정부에 찾아왔다. 일본말과 한국말을 섞어가며 말하고, 행색조차 일본인과 흡사한 그를 누구도 믿지 않았다. 백범은 이봉창을 유심히 관찰하고 조사할 필요를 느꼈다.

백범은 이봉창을 여관에 묵게 하면서, 그를 살폈다. 그러던 중 어느 날 이봉창이 청년들과 함께 술을 마시며 "왜황倭皇을 노살屠殺하기는 극

이봉창

히 용이한데 하고何故로 독립운동자들이 이 것을 실행하지 않느냐"고 하면서, "내가 동경에 있을 때 일왕이 내 앞을 지나가는 것을 보고 나에게 총이나 작탄이 있었으면 어찌할까 하는 생각을 들었습니다"라며, 일왕을 처단할 수 있다는 말을 하였다. 백범은 이 말을 놓치지 않았다. 그리고 이봉창을 여관으로 데리고 가서 진의를 떠보았다. 이봉창은 백범에게 자신이 살아온 과정과 자신이 하고 싶은 일을 다 털어 놓았다. 그리고 "제 나이 31세입니다. …… 인생의 목적이 쾌락이라면 31년 동안 인생의 쾌락은 대강 맛보았습니다. 이제는 영원한 쾌락을 얻기 위하여 우리 독립사업에 헌신하고자 상해에 왔습니다"라고 하면서, 자신을 지도해달라고 요청하였다.

백범은 이봉창이 큰 뜻을 품은 것을 확인하고, 그의 요청을 받아들였다. 당시의 상황을 백범은 『백범일지』에 "피차彼此에 심지心志가 상조相照하여 늦게 만난 것을 탄식한 후에 일왕을 작살炸殺할 대계大計를 암정暗定하였다"라고 기록하였다. 이봉창은 자신을 이끌어 줄 지도자 백범을 만나게 되었고, 이를 계기로 백범은 일왕의 처단 계획을 추진하게 되었다.

백범은 곧바로 일왕 처단을 위한 준비에 들어갔다. 우선 이봉창을 일본인들이 거주하는 홍구 지역에 가서 지내도록 하였다. 여기에는 두 가지 이유가 있었다. 하나는 이동녕을 비롯한 임시정부 요인들이 이봉창

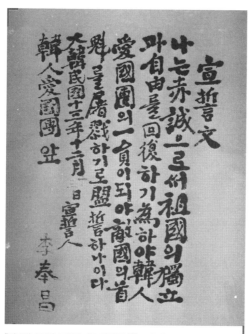

"적국의 수괴를 도륙하기로 맹서한다"는 이봉창의 선서문

이란 인물에 대해 의구심을 갖고 가까이 하는 것을 꺼려했기 때문이다. 또 하나는 이봉창의 신분을 노출시키지 않으려는 것이었다. 이봉창은 백범의 명령대로 홍구 지역에 가서 일본인 상점의 점원으로 근무하며 일본인들과 어울려 지냈다.

이와 동시에 백범은 자금과 폭탄을 준비하였다. 자금은 미주동포들에게 요청하였고, 하와이에 있는 안창호 목사와 임성우 등이 보내왔다. 폭탄은 김홍일에게 부탁하였다. 김홍일은 두 개의 폭탄을 마련해 주었다. 준비가 완료되자, 백범은 이봉창을 불렀다. 1931년 12월 11일에 이봉창을 만나, 준비가 완료되었으니 일본으로 떠날 준비를 하라고 일렀다.

이봉창이 12월 13일에 일본으로 떠날 준비를 갖추고 찾아왔다. 백범은 이봉창을 안공근의 집으로 데려가서 한인애국단에 입단시키고, "나는 …… 한인애국단의 일원이 되야 적국의 수괴首魁를 도륙屠戮하기로 맹서하나이다"라는 선서를 하도록 하였다. 선서식을 마친 후 백범은 이봉창과 함께 밤을 같이 지냈다. 이봉창과 함께 계획을 최종적으로 점검하기 위한 것이기도 하고, 또 사지死地로 떠나는 동지와 마지막 밤을 함께 지내려는 뜻도 있었다. 밤을 지새우며 이봉창이 다음과 같이 말하였다.

나는 재작일 돈을 받아가지고 왼 밤을 자지 못하였습니다. 대관절 나를 어떻게 믿으시고 거액을 주셨습니까. 그 날에 부르심을 받아 먼저 정부기관 집으로 간즉 직원들이 밥 못 먹는 것을 보고 내가 돈을 내놓았는데 그 밤에 선생님이 남루한 의상衣裳에서 거액을 나에게 주심을 보고 놀랐습니다. 만일 내가 그 돈을 낭비하고 다시 아니오면 어찌 하시렵니까. 과연 관대한 도량과 엄정한 공심公心을 뵙고 탄복하며 감격하여 긴 밤을 그대로 새웠습니다.

이는 백범이 건네준 돈에 대해 이야기하는 것이다. 백범은 이봉창에게 일본으로 떠날 준비를 하라고 하면서 옷소매에 감추어두었던 돈을 꺼내 주었다. 하와이 동포들이 보내온 돈이었다. 이봉창은 백범이 누더기 옷을 입고 지내는 것과 그의 휘하에 있는 청년들이 굶고 있는 것을 보아 왔다. 그리고 백범은 프랑스 조계 밖을 나갈 수 없다는 것, 또 만일 자신이 돈을 다 써 버리고 돌아오지 않아도 백범이 어찌할 수 없다는 것도 알고 있었다. 그런 상황에서 백범이 자신에게 많은 돈을 주었다는 데 대해, 이봉창은 잠을 이루지 못할 정도로 감격한 것이었다.

이봉창이 감격한 것은 백범이 자신을 믿고 있다는 사실이었다. 옛말에 "사내 대장부는 자신을 알아주는 사람을 위해 목숨을 바치고, 여자는 자신을 사랑하는 사람을 위해 화장을 한다"는 말이 있다. 백범은 이봉창을 믿었고, 이봉창은 백범이 자신을 믿고 있다는 사실에 감격하였다. 이러한 인간적인 신뢰와 믿음이 이봉창으로 하여금 목숨을 바쳐 거사를 할 수 있게 만든 것이 아닌가 한다.

다음 날 백범은 이봉창과 함께 사진관으로 갔다. 이 세상에서는 함께 있지 못하지만, 저 세상에서라도 함께 있자는 뜻으로 기념사진을 찍기 위해서였다. 사진을 찍을 때 백범의 얼굴빛이 밝지 못하자, 이봉창은 "우리가 대사大事를 성취할 터인데 기쁜 낯으로 박읍시다"며 오히려 백범을 위로했다.

1932년 1월 8일, 이봉창은 일왕을 처단하기 위해 폭탄을 투척하였다. 이날 일왕은 요요기 연병장에서 거행된 육군시관병식에 참석했다가 궁성으로 돌아가던 길이었다. 이봉창은 동경의 경시청 정문 앞에서 일왕이 타고 가는 마차를 향해 폭탄을 던졌다. 폭탄은 굉음을 내며 폭발하였지만, 일왕 뒤를 따르던 궁내부 대신 마차에 떨어졌다.

이봉창은 현장에서 체포되었다. 그리고 경찰과 검찰로부터 9번에 걸쳐 심문을 받았다. 배후에 대해 집중적인 심문이 있었지만, 이봉창은 끝까지 백범의 이름을 말하지 않았다. 일제는 배후로 임시정부를 지목하고 베테랑 검사들을 상해에 파견하여 백범이 배후 인물임을 알아냈다. 수사관이 백범의 사진을 보여주며 다그치자, 이봉창은 그를 백정선白貞善이라고 둘러대며 백범을 끌어들이지 않았다.

이봉창은 백범과의 약속을 지켰다. 마지막 밤을 보낼 때, 이봉창은 백범에게 "만일 내가 체포되어 취조를 받을 때 어떻게 말해야 되느냐"고 물었다. 백범은 "선언서에 있는 대로 하라. 될 수 있으면 임시정부나 내 얘기는 하지 않았으면 좋겠다"고 하였다. 그러면서 "정히나 고문을 견디기 어려우면 내 얘기를 해도 좋다"고 덧붙였다. 이봉창은 이를 지켰고, 백범을 백정선이라고 둘러댄 것이었다.

백범은 1932년 9월 30일에 밤을 새우며 글을 썼다. 이날은 일본 대심원에서 이봉창의 판결 공판이 있는 날이었다. 이봉창은 일왕에게 폭탄을 투척한 대역사건으로 재판을 받았고, 사형이 선고될 예정이었다. 백범은 이 소식을 듣고 이봉창과의 영원한 이별을 준비하였다. 이를 위해 이봉창이 결행한 의거의 진상을 밝히고, 이봉창의 일생을 정리하는 글을 써 내려갔다. 그리고 글의 제목을 「동경작안東京炸案의 진상眞相」이라 하고, 이를 측근인 엄항섭嚴恒燮으로 하여금 중국어로 번역시키고, 중국 신문사에 보냈다. 중국의 『중앙일보』를 비롯한 신문은 1932년 10월 13일자로 이를 보도하여, 일왕저격의거의 진상과 이봉창의 삶을 세상에 알렸다.

이봉창의 의거는 일왕을 처단하지는 못하였지만, 일본과 동북아시아의 역사를 크게 변화시키는 영향을 끼쳤다. 우선 일본 국내정치세력을 변화시켰다. 의거가 결행된 직후 일본 수상 이누까이 쓰요시犬養毅가 일왕에게 사직서를 제출하였다. 그렇지만 취임한 지 채 한 달이 되지 않아 사직이 반려되었다. 이 일로 인해 일본 정계가 뒤끓었다. 결국 이누까이 수상이 일본군 청년 장교들에게 암살당하는 일이 일어났고, 이후 군인들이 정권을 장악하여 군국주의로 치닫게 되었다.

다른 하나는 일본이 상해를 침공하는 상해사변이 일어났고, 이에 따라 동북아시아 정세에 대변화가 일어난 것이었다. 이봉창의 의거가 결행되었을 때, 『민국일보民國日報』를 비롯한 중국의 각 신문들은 "폭탄이 일왕을 적중하지 못하였다"는 등의 표현으로 일왕이 처단되지 못한 것에 대해 아쉬워하는 논조로 보도하였다. 이에 일본 측은 천황에 대한 불경不敬이라며 청도靑道에 있는 민국일보사를 불태우는 등 중국 측에 강력히 항의하였다. 그러나 중국 측도 물러서지 않았다. 특히 상해시장이었던 오철성吳鐵城은 일제의 사과 요구에 강력하게 맞섰다. 이는 일본군이 상해를 침공하는 하나의 요인이 되었다.

그리고 임시정부가 되살아나는 계기를 마련하였다는 점도 커다란 영향이었다. 이봉창의 의거가 알려지자 임시정부에 대한 존재가 알려지고 후원이 답지하기 시작하였다. 이러한 상황을 백범은 『백범일지』에 "이봉창 의거가 세계에 전파되자 미국·하와이·멕시코·쿠바의 우리 동포들 중 나를 동정하던 동지들은 크게 흥분되어 나를 애호, 신임하는 서신이 태평양을 건너 눈송이 같이 날아들었다"며, 그중에는 "이전에 임시정부에 반대하던 동지들도 있었는데, 이제 태도를 바꾸어 나를 격려해 주었다"고 기록하였다. 이봉창의 의거는 윤봉길의 의거와 더불어 임시정부가 되살아나는 계기가 되었다.

윤봉길의 홍구공원의거

백범은 이봉창에 이어 또 다른 대장부大丈夫를 만났다. 윤봉길이었다. 윤봉길은 충남 예산 출신으로 고향에서 농민운동을 전개하다가 독립운동의 뜻을 품고 청도를 거쳐 상해로 온 인물이었다. 상해에서 박진朴震이 경영하는 말총으로 모자를 만드는 종품공장에서 일하기도 하였고, 일본인이 거주하는 홍구 지역을 돌아다니며 채소장사를 하고 있었다.

백범은 윤봉길을 만난 적이 있었다. 윤봉길이 공장에서 일하던 때였다. 그때만 해도 윤봉길을 진실한 청년노동자로 여기며 학식은 있으나 생활을 위해 노동을 한다고 생각하였다. 그런 윤봉길이 1932년 4월 20일에 자신을 찾아와서는 독립을 위해 목숨 바쳐 일하겠다며, 기회를 마련해 달라고 하며 다음과 같이 말하였다.

제가 채소바구니를 등 뒤에 메고 날마다 홍구 방면으로 다니는 것은 큰 뜻을 품고 천신만고 끝에 상해에 온 목적을 달성하기 위해서입니다. 그런데 중일전쟁도 중국에서 굴욕적으로 정전협정이 성립되는 형세인즉, 아무리 생각해 보아도 마땅히 죽을 자리를 구할 수 없습니다. 그렇지만 선생님께서는 동경 사건과 같은 경륜이 계실 줄 믿습니다. 저를 믿으시고 지도하여 주시면 은혜는 죽어도 잊지 못할 것입니다.

백범은 감복하였다. 이야기를 들으니, 윤봉길이 자신의 목숨을 바쳐 큰 뜻을 이루려는 대장부였기 때문이다. 윤봉길이 말한 중일전쟁은 상해사변을 가리키는 것이었다. 중국은 일제의 상해침공에 맞서 최정예부대인 제19로군을 비롯하여 30만 대군을 동원하였지만, 일제의 공격을 막아내지 못하였다. 그리고 일제와 정전협상을 벌이고 있었다. 동경사건은 이봉창의 의거를 말하는 것으로, 자신에게도 그러한 기회를 달라는 것이었다.

윤봉길이 찾아왔을 때, 백범은 또 다른 계획을 세우고 있었으나 적임자를 구하지 못해 번민하고 있었다. 그는 상해사변에서 승리를 거둔 일제가 4월 29일에 홍구공원에서 전승기념식과 일왕의 생일인 천장절 경축식을 성대하게 거행한다는 정보를 수집하였다. 그리고 상해에서 발행되는 일본의 『니치니치신문日日新聞』은 "그날 식장에 참석하는 자는 물병하나와 점심으로 도시락, 일본 국기 하나씩을 가지고 입장하라"고 알렸다. 백범은 이러한 사실을 이야기하고, 윤봉길에게 "이날 일생의 대목적을 달성해 봄이 어떠하냐"고 제의하였다. 윤봉길은 흔쾌히 응낙하며 다음과 같이 말하였다.

저는 이제부터 가슴에 한 점 번민이 없어지고 마음이 편해집니다. 준비해 주십시오.

윤봉길은 과연 대장부였다. 백범은 즉시 김홍일을 찾아갔다. 그리고 3일 안에 일본인들이 사용하는 물통과 도시락 모양의 폭탄을 만들어 달라고 부탁하였다. 김홍일은 신속하게 움직였다. 이봉창에게 만들어준 폭탄의 위력이 약했던 탓에, 일왕을 폭살시키지 못한 것을 유감으로 생각하고 있었기 때문이다.

폭탄을 마련해 준 왕백수(왼쪽),
김홍일과 함께

김홍일은 왕백수王伯修라는 중국인 기술자를 동원하였다. 왕백수는 주문대로 도시락과 물통 모양으로 위장하여 폭약을 넣고, 당시 중국군이 독일과 러시아에서 수입하여 사용하던 점화장치를 단 폭탄을 만들었다. 이봉창이 사용한 폭탄과는 달랐다. 일왕과의 거리가 멀다는 생각 때문에 가볍게 만들어 폭약이 적게 들어갔지만, 도시락과 물통 모양이어서 폭약을 많이 넣을 수 있었다.

김홍일은 백범에게 폭탄을 실험하겠으니, 와서 직접 눈으로 확인해보라고 하였다. 백범은 상해병공창으로 갔다. 왕백수의 지휘하에 마당 한곳에 토굴을 파고 네 벽을 철판으로 두른 후, 그 속에 폭탄을 장치하였다. 그런 후 뇌관 끝에 긴 끈을 잇더니, 한 명이 끈 끝을 끌고 수십 보 밖으로 기어가서 노끈을 잡아당겼다. 그러자 토굴 속에서 벽력 같은 소리가 진동하며 파편이 날았다. 실험은 성공적이었다.

백범은 4월 26일에 윤봉길을 불러서 이봉창과 똑같은 절차를 밟았다. 윤봉길을 한인애국단에 입단시키고, 선서문을 쓰도록 하였다. 그리고 윤봉길의 숙소를 동방공우로 옮기도록 하고, 시라카와 대장과 우에다 중장의 사진을 주어 얼굴을 익히도록 하였다.

윤봉길은 치밀했다. 일장기를 마련하는 한편, 거사 하루 전인 4월 28일에 홍구공원을 사전답사한 것이다. 백범은 그날 저녁 동방공우로 윤봉길을 찾아가서 만났다. 윤봉길은 흥분되어 있었다. "오늘 홍구에 가서 식장 설비를 구경하는 데 시라카와 놈도 왔습니다. 제가 그놈 곁에 섰을 때 '어떻게 내일까지 기다리나. 오늘 폭탄을 가졌더라면 이 자리에게 당장 쳐 죽일 텐데'하는 생각이 들었습니다"라는 말을 하였다. 백범은 이 말은 듣고 윤봉길의 흥분을 가라앉힐 필요가 있다고 생각하고, 다음과 말하였다.

여보, 그것이 무슨 말이오. 포수가 꿩을 쏠 때에도 날게 하고 쏘아 떨어뜨리고, 숲속에서 자고 있는 사슴을 달리게 한 후 쏘는 것이 사냥의 진정한 맛이오. 군이 지금 그러는 것은 내일 거사에 성공할 자신감이 미약하기 때문이 아니오.

윤봉길을 나무라는 것이 아니라, 혹여 쉽고 경솔하게 임하지 않을까 하는 우려가 있었기 때문이다. 윤봉길은 "아닙니다. 그놈이 내 곁에 선 것을 보았을 때 홀연히 그런 생각이 나더란 말입니다"라며, 한발 물러섰다. 백범은 윤봉길을 안심시켜야 한다고 생각하며 다음과 같이 말했다.

나는 이번 거사가 확실히 성공할 것을 미리 알고 있소, 군이 일전에 하던 말씀 중에 이제는 가슴의 번민이 그치고 편안해진다는 것은 성공의 확실한 증거라 믿소. 돌이켜 보면 내가 치하포에서 쓰치다를 죽이려 했을 때 가슴이 몹시 울렁거렸지만, 고능선 선생이 가르쳐 주신 "가지 잡고 나무에 오르는 것은 기이한 일이 아니나, 벼랑에 매달려 잡은 손을 놓는 것은 가히 장부로다"란 구절을 떠올리니 마음이 가라앉았소. 군과 내가 거사하는 심정은 서로 같은 것 아니겠소.

이와 같이 백범은 자신의 경험을 이야기하며, 윤봉길의 마음을 가라앉히고자 하였다. 백범은 윤봉길을 데리고 안공근의 집으로 가서 이봉창과 마찬가지로, 함께 사진을 찍었다. 백범은 다음 날 다시 윤봉길을 찾아갔다. 그리고 그에게 자신의 이력서와 유서를 쓰라고 하였다. 이봉창에게는 미처 하지 못한 일이었다. 그런 탓에 이봉창이 사형선고를 받는 날 자신이 밤을 새워가며 그의 삶을 기록으로 남긴 것이었다. 윤봉길에게는 직접 자신의 이력서와 유서를 남기도록 하였다. 윤봉길은 자신의 약력과 두 아들과 조국 청년들에게 남기는 유서를 시로 썼다. 그리고 백범을 기리는 시도 썼다.

> 높고 웅장한 청산이여 만물을 품어 기르는도다
> 저 멀리 우뚝 선 푸른 소나무여 사시장철 변함이 없도다
> 번쩍번쩍 빛나는 봉황의 날음이여 천길이나 드높게 날아오르도다
> 온 세상이 모두 흐림이여 선생만은 홀로 맑아 있도다
> 늙을수록 더욱 강건해짐이여 오직 선생의 의기뿐이로다
> 참고 견디며 원수 갚을 날을 기다림이여 선생의 붉은 정성이로다

윤봉길은 시인이었다. 만일 그가 독립운동에 참여하지 않았더라면, 시인으로 명성을 날렸을 것이다. 그는 25살로 생애를 마감하면서,

350여 편에 달하는 시를 남겼다. 두 아들과 조국청년들에게 남긴 시는 읽는 이로 하여금 가슴을 저리게 만든다. 백범에게 남긴 시도 백범의 삶과 사상을 간결하고 명확하게 이해할 수 있도록 표현되어 있다.

거사 당일, 백범은 아침 일찍 윤봉길을 찾아갔다. 그리고 김해산金海山의 집으로 데리고 가서 함께 아침밥을 먹었다. 아침식사는 전날 부탁해 놓았다. 폭탄 두 개를 가지고 김해산의 집에 들러 "윤봉길 군을 내일 이른 아침에 중대 임무를 띠워 동북 3성으로 파견할 것"이라고 하면서, 소고기를 사다가 아침 식사를 마련해 달라고 부탁했다. 윤봉길의 모습을 살피니 태연자약하였다. 식사를 마친 윤봉길이 자신의 시계를 꺼내 들며 다음과 같이 말했다.

제 시계는 어제 선서식 후 선생님의 말씀에 따라 6원을 주고 구입한 것인데, 선생님 시계는 불과 2원 짜리입니다. 저는 이제 1시간 밖에 더 소용이 없습니다.

시계를 바꾸자는 것이었다. 자신은 더 이상 시계를 사용할 수 없는데, 자기의 것은 6원이고, 백범의 것은 2원 짜리이니 바꾸자고 하였다. 백범은 윤봉길의 시계를 받았다. 그리고 자신의 시계를 윤봉길에게 주었다.

이제 백범은 윤봉길을 떠나보내야 했다. 집을 나서서 자동차를 불렀다. 윤봉길은 자동차를 타면서 가지고 있던 돈을 꺼내 주었다. 백범은 "약간의 돈을 가지는 것이 무슨 방해가 되겠소"라고 하였지만, 윤봉길은 "아닙니다. 자동차 요금을 주고도 5~6원은 남겠습니다"라며, 끝내

김구와 윤봉길
윤봉길을 떠나보내며(1932. 4. 27.)

백범의 손에 돈을 쥐어주고 차에 올랐다. 자동차가 움직이기 시작하자 백범은 목 메인 소리로 "후일 지하에서 만납시다"라며, 작별의 말을 건네었다. 윤봉길은 차창으로 머리를 숙이는 것으로 작별을 고하였다.

윤봉길을 떠나보낸 후, 백범은 곧바로 흥사단 간부 조상섭趙尚燮의 집으로 들어갔다. 그리고 편지 한 통을 써서 김영린金永麟에게 주며 안창호에게 전해주라고 하였다. 백범은 윤봉길의 거사 계획을 국무회의에 보고하였지만, 일부 국무위원은 만일 이 계획이 결행된다면 상해에서 활동할 수 없게 될 것이라며 반대한 일이 있었다. 이후 백범은 독자적으로 비밀리에 이를 추진하였고, 이동녕과 이시영 등 일부 국무위원만 짐작하고 있을 뿐이었기 때문에 계획을 알지 못하고 있던 안창호에게 피신하라고 한 것이었다.

이어 백범은 이동녕을 찾아갔다. 이동녕은 당시 임시정부의 어른이었다. 임시정부에서 그를 믿어주고 신뢰한 사람이 이동녕이었고, 백범의 정신적 지주나 다름없었다. 백범은 이동녕에게 그동안의 진행 경과를 보고하였다. 그리고 소식이 있기를 기다렸다. 오후 2~3시경에 소식이 전해졌다. 중국의 각 신문들이 호외를 통해 홍구공원에서 폭탄이 폭발하였다는 것과 일본군 수뇌들이 즉사하거나 중상을 입었다는 사실을 전하였다.

윤봉길의 거사는 성공적이었다. 윤봉길은 오전 11시 45분경 단상과

폭탄 투척 직후 홍구공원 기념식장 모습

참석자들이 모두 일어서서 일본 국가(기미가요)를 부를 때, 어깨에 메고 있던 물통형 폭탄을 단상으로 던졌다. 폭탄은 정확하게 단상 가운데 떨어졌고, 커다란 폭음을 내며 폭발하였다. 그리고 파편이 사방으로 날았다. 일본 군·관·민 3만여 명이 모여 일본의 위세를 과시하려던 행사장은 한순간에 아수라장이 되었다.

　단상에 도열해 있던 7명은 모두 나뒹굴거나 고꾸라졌다. 단상에는 상해파견군사령관으로 상해사변을 지휘했던 시라카와 요시노리白川義則 육군대장, 제9사단장인 우에다 겐기치植田謙吉 육군중장, 제3함대사령관인 노무라 기치사무라野村吉三郎 해군중장, 주중국공사 시게미쓰 마로루重光揆, 상해총영사 무라이 구라마쓰村井倉松, 상해거류민단장 가와바타 사다

쓰구河端貞次, 거류민단서기장 도모노 시게루友野盛 등이 도열해 있었다. 폭탄은 가와바타와 시게미쓰 사이에서 폭발하였다. 가와바타는 복부가 터져 내장이 모두 쏟아져 나와 나뒹굴었고, 나머지 6명도 모두 얼굴과 다리 등에 파편을 맞고 고꾸라졌다.

홍구공원은 일본인들이 거주하고 있던 홍구 지역에 있었고, 인근에는 복민병원福民病院 등 일본군 병원이 있었다. 부상자들은 급하게 병원으로 옮겨졌다. 병원장이 직접 나서서 응급처치를 하였지만 가와바타는 다음 날 새벽 3시에 사망했다. 그리고 우에다는 왼쪽 눈알에 파편이 박혀 안 구를 적출하였고, 시게미쓰는 오른쪽 다리를 절단하는 수술을 받았다. 시게미쓰는 이후 일본 외무대신이 되었다. 1945년 9월 2일에 전권대표 로 다리를 절룩거리며 올라와 미주리함상에서 항복문서에 서명한 인물 이 바로 시게미쓰였다.

시라카와 육군대장도 사망하였다. 시라카와는 왼쪽 뺨과 어깨 등에 파편을 맞았지만, 4주 정도면 완치될 수 있을 정도의 부상을 입었다. 그 는 전상자 치료의 최고 권위자인 고토 시치로後藤七郞의 치료를 받고 호 전되었다. 술을 좋아했던 그는 병세가 호전되자 문병 온 인사들과 병상 에서 브랜디를 마시고 떠들다가 병세가 급격히 악화되었고, 결국 5월 26일에 사망하였다.

시라카와는 일본 육군의 상징과 같은 존재였다. 1891년에 소위로 임 관되어 1925년에는 육군대장으로 승진하였고, 이동안 시베리아 파견군 사령관, 육군성 차관, 관동군 사령관 등을 거쳐 육군대신을 지냈으며, 1928년에 퇴직한 일본육군의 대표적 지휘관이었다. 상해사변에서 전세가 불리하자 퇴역한 그를 다시 육군대장의 군복을 입혀 상해파견군사령관에 임명했을 정도였다. 그는 상해사변을 승리로 이끌었다.

시라카와의 위상은 그의 죽음에 대해 일왕이 보인 반응을 통해서도 짐작할 수 있다. 시라카와가 위독하다는 보고를 받고, 일왕은 그가 죽을 때까지 세 가지 반응을 보였다. 처음에는 사주賜酒를 보냈고, 남작이란 작위를 수여하였으며, 죽기 진전에는 '상해파견군사령관으로 임무를 완수한 노고를 가상히 여긴다'는 내용의 조어詔語를 내렸다. 그리고 사망하자 일왕과 왕후 명의로 조전弔電을 보내고, 그의 유해가 동경에 도착하였을 때에는 시종무관을 보내 선유를 낭독하게 하였다.

이러한 시라카와를 처단한 것은 이토 히로부미를 처단한 것과 더불어 독립운동사의 커다란 성과였다. 이는 수만 군대를 동원해서도 하기 어려운 일이었고, 중국군 30만 명이 동원되어서도 하지 못한 일이었다. 그러한 일을 백범과 윤봉길이 해낸 것이었다. 안중근의 이토 히로부미 사살과 이봉창의 의거, 그리고 윤봉길의 의거는 한국독립운동사에서 3대 쾌거로 평가받고 있다.

이봉창의 의거에 이어 윤봉길의 의거가 결행되면서, 국제정세에는 물론이고, 한국독립운동에도 많은 변화가 일어났다. 무엇보다도 중국인들의 한국인들에 대한 인식이 바뀌었고, 임시정부도 다시 소생하게 되었다. 만보산사건으로 인해 중국인과 한국인 사이에 악화되었던 감정이 하루아침에 호전된 것이다. 중국인들은 한국인들을 일본에 대적하는 동지로 여기게 되었고, 중국국민당 정부에서 한국의 독립운동을 적극 지원하게 되는 계기가 마련되었다.

그리고 미주 지역의 동포들이 임시정부에 대해 적극적인 지지를 보냈고, 납세와 후원금을 보내오기 시작하였다. 이로써 임시정부의 세력기반이 크게 강화되었다. 임시정부는 재정적인 뒷받침이 이루어지면서 그동안의 침체상태에서 벗어나 활발하게 활동할 수 있게 되었다. 이후 미주동포들은 해방 때까지 독립금·의연금·혈성금 등의 명목으로 임시정부를 후원하였고, 임시정부는 미주동포들의 후원에 의해 운영되었다.

출운호 폭파, 대련 의거 등을 계획하고 추진하다

백범이 추진한 것은 이봉창과 윤봉길 의거만이 아니었다. 계획하고 추진하는 단계에서 좌절되었지만, 한인애국단을 결성하여 여러 활동을 계획하고 추진하였다. 이즈모호出雲號 폭파, 관동군사령관 처단, 총독 처단 등도 추진하였다.

백범은 이즈모호 폭파를 추진하였다. 일제는 상해사변을 일으키고 육전대·해군·육군을 동원하여 상해를 침공하였다. 이 전쟁을 지휘하는 일본군사령부가 이즈모호라는 군함이었다. 이즈모호는 황포강黃浦江 회산匯山부두에 정박해 있었고, 시라카와를 사령관으로 한 일본군사령부가 이즈모호에 있었다.

백범은 엄청난 위력을 가진 폭탄을 이즈모호 밑에서 폭발시킨다는 계획을 세웠다. 폭탄은 김홍일이 만들어 주었고, 장비 없이 물속에 들어갈 수 있는 중국인 잠수부를 고용하여 배 밑에 폭탄을 설치하도록 하였다. 그러나 중국인 잠수부들이 겁을 먹고 시간을 끄는 바람에 폭탄이 설치되기 전에 폭발하고 말았다. 이로 인해 목적을 이루지는 못하였지만, 이

관동군사령관 처단을 추진한 유상근(뒷줄 왼쪽), 최흥식(뒷줄 가운데)과 함께

즈모호 폭파는 곧 일본군사령부를 폭파하는 것이었기 때문에 의미있는 시도였다.

그리고 관동군사령관을 비롯한 일제 요인들에 대한 처단도 추진하였다. 중국은 일제가 만주를 점령하자 국제연맹에 일본을 제소提訴하였고, 국제연맹에서는 이를 조사하기 위해 리튼조사단을 파견하였다. 이에 리튼Litton조사단이 1932년 5월에 만주를 방문하기로 되어 있었다. 이때 관동군사령관·관동청장관·만철총재 등이 조사단을 맞이할 것이라는 정보를 입수하게 되었다. 백범은 이들을 처단한다는 계획을 세웠다. 그리고 단원 최흥식崔興植과 유상근柳相根을 대련으로 파견하였다. 그러나 이들은 거사를 준비하던 중에 관동청 첩보기관에 발각되어 체포되었다.

이외에도 조선총독의 처단도 추진하였다. 백범은 단원 이덕주李德柱와 유진식柳鎭植에게 총독을 처단하라는 임무를 주어 본국으로 보냈다. 이들은 백범의 명을 받고 국내로 들어왔으나 1932년 4월에 황해도에서 일제 경찰에 체포되면서 총독 처단은 좌절되고 말았다.

백범의 이러한 활동은 독립운동의 한 방법인 의열투쟁이기도 하였지만, 일제의 침략을 최전선에서 맞받아치는 '반침략전'이었다. 일제는 1931년 9월에 만주를 침략하였고, 이어 1932년 1월에는 상해를 침략하였다. 백범의 활동은 이러한 일제의 침략에 맞서 계획되고 추진되었다. 이봉창 의거는 일제의 본거지에 들어가 침략의 수괴를 처단하려는 것이었고, 윤봉길 의거와 출운호 폭파 추진은 상해를 침략한 군수뇌부와 일본군사령부를 대상으로 한 것이었으며, 만주를 침략한 관동군사령관 등을 주요 대상으로 삼았다는 점에서 그렇다.

의열투쟁은 테러가 아니다.

많은 사람들이 '의열투쟁'과 '테러'의 차이를 구별하지 못하는 것 같다. 특히 최근에는 일부 세력들이 이봉창 의거와 윤봉길의 의거 등의 의열투쟁을 테러라고 악의적으로 선전하기도 하고, 이를 지도한 백범을 테러리스트라고 하는 경우도 있다. 의열투쟁이 외형상 암살, 파괴활동이라는 점에서 테러와 같아 보이지만 의열투쟁과 테러는 엄연히 다르다.

우선 의열투쟁과 테러는 타격 대상에서 차이가 있다. 의열투쟁은 타격해야 할 대상을 분명하게 정하지만, 테러는 불특정 다수를 대상으로 한다. 이봉창은 일왕을, 윤봉길은 침략자들을 타격 대상으로 삼았다. 이봉창이 폭탄을 던질 때, 길가에는 일왕을 보기 위해 많은 인파가 몰려 있었다. 이곳에 폭탄을 던지면 많은 일본인들을 처단할 수 있었지만, 이봉창은 그들에게 폭탄을 던지지 않았다. 윤봉길도 마찬가지였다. 단상 앞에는 학생들을 비롯하여 많은 일본인들이 모여 있었지만, 그들에게 폭탄을 던지지 않았다.

이에 비해 테러는 분명한 타격 대상이 없다. 2001년 9월 11일에 뉴욕에서 비행기가 세계무역센터 쌍둥이 빌딩을 공격하여 수천 명이 희생을 당한 일이 있었다. 이는 타격 대상이 분명하지 않다. 불특정 다수를 대상으로 한 것이다. 이것이 테러다. 그렇기 때문에 이 사건을 '9·11테러'라고 한다. 그리고 허리에 폭탄을 두르고 사람이 많은 곳에서 터뜨리는 것도 불특정한 다수를 대상으로 하였기 때문에 테러이다.

또 하나는 의거 이후 자신의 행위를 밝히는지의 여부이다. 의열투쟁은 의거를 결행한 이후에 자신의 행위임을 스스로 밝힌다. 이봉창이 대표적인 예이다. 이봉창은 폭탄을 던진 후 일제 경찰이 자신의 앞에 있는 청년을 붙잡자, "그 사람이 아니야, 나야 나"라고 외쳤다. 자신을 잡지 않았으니, 그냥 도망칠 수 있었지만 도망하지 않고 스스로 자신의 존재를 밝힌 것이었다.

그러나 테러는 자신의 행위를 숨긴다. '9·11테러'는 누가 한 것인지 알지 못한다. 자신이 한 일이라고 밝히는 사람이 없기 때문이다. 또 일제가 명성황후를 시해하였지만, 누구도 자신이 하였다고 밝힌 일이 없다. 이것이 테러다.

의열투쟁과 테러는 분명한 차이점이 있고, 완전히 다른 것이다. 따라

서 한국독립운동사에서 전개된 의열투쟁을 테러라고 할 수 없다. 의열
투쟁은 약소민족의 투쟁방법이다. 강대한 힘을 가진 제국주의에 대항하
는 방법의 하나가 의열투쟁인 것이다. 의열투쟁은 제국주의에 짓밟힌
자유와 평화를 되찾기 위한 방법이라고 할 수 있다. 이러한 의열투쟁을
테러라고 하는 것은 독립운동을 모독하는 것이나 다름없는 일이다.

60만 원 현상금과 피신생활

윤봉길의 의거가 결행된 후, 일본영사관 경찰이 임시정부가 있던 프랑
스 조계에 들이닥쳤다. 이춘산을 의거 관련자로 보고 그를 체포하기 위
해서였다. 현장에서 피체被逮된 윤봉길은 일본헌병대사령부로 압송되어
헌병대위 오이시 마사유키大石正幸로부터 심문을 받았다. "폭탄은 어디서
입수했느냐"고 묻자, 이춘산에게 받았다고 대답하였다. 이춘산은 이유
필李裕弼이 사용하던 이름으로, 당시 상해교민단장을 맡고 있었다.

　일제 경찰은 이춘산에 대한 체포영장을 가지고 프랑스 조계로 들어왔
다. 오후 1시경 이들은 프랑스 조계 당국에 이춘산의 체포 인도를 요청
하였다. 그동안 임시정부를 일정하게 보호해 주던 프랑스 조계 당국이
었지만, 상황의 심각성을 고려할 때 일제의 요청을 거절할 수 없는 형편
이었다. 일제 경찰은 사복경찰을 데리고 이춘산의 집으로 갔다가 그곳
에서 안창호를 체포하였다. 그리고 한인들의 거주 지역인 보강리와 임
시정부 청사가 있던 보경리에 대대적인 수색 작업을 벌여서 김덕목金德
穆·박화산朴華山 등 10여 명을 체포하고, 임시정부 청사를 급습하여 문서

를 다량으로 압수해 갔다.

이에 따라 백범도 몸을 피할 수밖에 없었다. 백범은 안공근과 엄항섭을 불러, 미국인 피치S.A.Fitch 박사에게 피신처를 교섭하도록 하였다. 피치 박사는 목사로 국무위원 김철金澈과 가까이 지내던 사이였고, 그의 아버지는 한국의 독립운동을 동정하고 후원하던 인물이었다. 백범은 김철·안공근·엄항섭과 함께 공공조계에 있는 피치 박사의 집으로 몸을 숨겼다.

백범에게는 엄청난 액수의 현상금이 걸려 있었다. 일제 경찰은 프랑스 조계에 들어와 대대적인 수색작업을 벌였지만, 관련자들을 체포하지 못하였다. 이에 백범을 체포하기 위해 처음에는 20만 원의 현상금을 걸었다. 그러다가 일본의 외무성·조선총독부·상해주둔일본군사령부가 합작하여 모두 60만 원의 현상금을 내걸었다. 당시 60만 원을 정확하게 계산할 수는 없지만, 현재 금액으로 따지면 대략 300억 원 정도이다.

백범은 피신하였지만, 가만히 있을 수만은 없었다. 안창호를 비롯하여 피체된 인사들을 구해야 했고, 또 그 가족들을 위로해야 했기 때문이다. 이를 위해 낮에는 전화로 연락하고, 밤에는 밖에 나가 교섭 작업을 벌였다. 이런 가운데 백범에 대한 불만과 원성을 표출하는 이들도 있었다. 자신은 숨어 버리고 관계가 없는 사람들만 잡혀가는 것이 옳지 않다는 것이었다.

백범은 사건의 진상을 세상에 알리고, 자신이 주모자임을 밝혀야 한다고 생각하였다. 안공근이 위험한 일이라며 반대하고 나섰지만, 백범은 엉뚱한 사람들이 잡혀가는 것을 보고 가만히 있을 수 없었다. 엄항섭

虹口炸彈案主使人自白

致本報英文函署名金九

謂尹逢吉之行刺係本人指使

金九之來函

백범 자신이 홍구공원 폭탄사건의 주모자라고 밝힌 신문 기사(『時事新報』 1932. 5. 10.)

으로 하여금 '주모자는 김구이고 실행자는 윤봉길'이라는 내용의 선언문을 기초하도록 하고, 피치 박사 부인에게 영문으로 번역토록 하여 신문사에 보냈다. 중국의 각 신문들은 1932년 5월 10일자로 「홍구공원 폭탄사건 주모자의 자백」, 「김구 자신이 홍구공원 폭탄사건의 주모자임을 스스로 밝혀」 등의 제목으로 이를 보도하였다.

이러한 활동을 하는 동안 백범의 피신처가 일제 측에 발각되었다. 정탐꾼들이 양복점 직원으로 위장하여 들어오기도 하면서 피치 박사의 집을 에워쌌다. 이에 피치 박사 부인이 급하게 남편을 불렀다. 그리고 피치 박사가 운전사가 되고, 백범은 부인과 부부인양 뒷자리에 앉아 집을 빠져 나갔다. 피치 박사는 상해 남쪽 기차역에 그를 내려주었고, 백범은 안공근과 함께 기차를 타고 가흥嘉興에 도착하였다.

가흥에는 백범의 피신처가 준비되어 있었다. 피신처에 대해 백범은 당시 중국국민당에서 활동하고 있던 박찬익이 은주부殷鑄夫와 저보성褚補成 등과 주선하여 마련한 것으로 언급하였지만, 중국국민당의 정보기관에서 마련한 것으로 보인다. 당시 중국국민당에는 진과부陳果夫와 진립부陳立夫가 주도하는 시시단CC團이 있었다. 윤봉길 의거가 결행된 후 진과부는 백범의 행방을 수소문하고 그를 보호하도록 하였다.

백범은 피치 박사 집에 머물고 있을 때 '은주부·주경란朱慶蘭·사량소査良釗 등의 면회에 응하였다'고 기록해 놓았다. 이들이 백범의 소재를 파악하고 찾아가 만난 것이다. 그리고 백범을 보호하기 위해 가흥에 있는 저보성에게 부탁하여 피신처를 마련한 것으로 보인다. 저보성은 손문(쑨원)의 호법정부에서 비상회의 부의장을 지낸 혁명당 인사이고, 절강성 정무위원회 주석을 지낸 인물이다.

백범이 도착하기 전에 가흥에는 이미 이동녕을 비롯하여 이시영, 조성환 등의 요인들과 엄항섭, 김의한의 가족들이 와 있었다. 그러나 백범은 이들과 함께 있지 않았다. 저보성의 수양아들인 진동생陳桐生의 집에 머물렀다. 저보성이 백범을 보호하기 위해 특별히 배려한 것이었다. 진동생의 집은 남호로 불리는 호수와 연결되어 있었다. 만일의 경우 배를 타고 피신하기에 적합한 곳이었다.

백범은 가흥에서 저보성과 가족들의 배려로 피신 생활을 하였다. 저

백범에게 피신처를 제공한 저보성

보성에게는 수양아들 외에 미국에서 유학하고 돌아 온 저봉장褚鳳章이라는 맏아들이 있었다. 백범의 실체를 알고 있는 것은 이들 뿐이었다. 백범은 이름을 장진구張震球 또는 장진張震으로 바꾸고, 광동인으로 행세하였다. 중국에는 각 지방마다 말이 서로 달라 통하지 않았고, 광동 말은 외국어나 마찬가지였기 때문이다.

저보성의 극진한 배려를 받고 있었지만, 피신 생활은 불안하기 이를 데 없었다. 그에게 걸려 있는 60만 원이란 엄청난 현상금은 사람의 마음을 언제 어떻게 변화시킬지 알 수 없는 일이었다. 그리고 백범이 상해에서 빠져나간 것으로 파악한 일제 측이 경찰과 정탐꾼을 동원하여 각지를 수색하였고, 그들의 발길이 가흥에까지 이르렀다.

이에 백범은 가흥에서 백여 리 정도 떨어진 해염海鹽으로 피신처를 옮겼다. 저보성이 가흥에 오래 머무르는 것이 위험하다고 판단하여, 그의 맏아들인 저봉장의 처가가 있는 해염으로 옮기도록 한 것이다. 저봉장의 처가는 주씨였다. 주씨는 해염의 유지이자 대지주로 재청별서載靑別墅라는 별장을 갖고 있었다. 저봉장의 부인 주가예朱家蕊가 이곳으로 안내하였다.

저씨 부인은 굽 높은 신을 신고 7, 8월 불볕더위에 손수건으로 땀을 씻으며 산 고개를 넘었다. 저씨 부인의 친정 여자 하인 하나가 내가 먹을 식료 육류품을 들고 우리를 수행하였다. 나는 우리 일행이 이렇게 산을 넘어가는 모습을 활동사진기로 생생하게 담아 영구 기념품으로 제작하여 만대 자손에게 전해줄 마음이 간절하였다. 그러나 활동사진기가 없는 당시 형편에서 어찌할 수 있으랴. 우리 국가가 독립이 된다면 우리 자손이나 동포 누가 저부인의 용감성과 친절을 흠모하고 존경치 않으리오.

백범의 피신 생활을 도와준 주애보

이는 백범이 주가예의 안내로 재청별장으로 갈 때의 모습을 서술한 것이다. 주가예는 부잣집의 딸이고 명문가의 맏며느리였다. 당시에는 첫아이를 낳은 지 한 달여밖에 되지 않았다. 그런 젊은 여인이 자신을 위해 한여름 불볕더위에 뾰족구두를 신고 산에 오르는 수고를 하는 데 대해 감격하고 고마워 한 것이다.

백범은 해염에서도 오래 머물지 못하였다. 광동인으로 행세하다가 그곳에 있는 중국인 경찰의 의심을 받게 되었기 때문에 다시 가흥으로 돌아왔다. 낮에는 처녀 뱃사공 주애보朱愛寶의 배를 타고 남호에서 지내다가 밤이 되면 집으로 들어오는 생활을 계속하였다. 저봉장이 피신 방법으로 중국인 여자 선생과의 결혼을 권고하였으나, 백범은 중학교 교원이라면 자신의 신분이 탄로가 날 터이니, 차라리 일자무식으로 아무것도 모르는 주애보와 지내는 것이 좋겠다고 하였다. 이후 백범은 주로 선상에서 생활하였다.

장개석과의 면담과 군사간부 양성

가흥에서 피신 생활을 하고 있을 때, 백범은 장개석과 면담을 하게 되었다. 장개석과의 면담은 박찬익을 통해 이루어졌다. 당시 박찬익은 중국 국민당 당원으로 중앙당부에서 활동하고 있었고, 백범의 최측근인 엄항섭·안공근과 함께 연락을 맺고 있었다. 박찬익이 중국국민당 조직부장인 진과부와 교섭하여 장개석과의 면담을 추진한 것이다.

백범은 장개석의 면담 통지를 받고, 엄항섭·안공근과 함께 남경으로 갔다. 당시 장개석의 중국국민당 정부는 남경에 있었다. 공패성貢沛誠과 소쟁蕭錚 등 중국국민당 요인들이 마중을 나왔고, 중앙반점에 숙소를 정하였다. 백범은 박찬익을 통역으로 대동하고 장개석의 저택으로 갔다. 장개석의 저택은 중앙육군군관학교 안에 있었다.

장개석과 면담한 내용은 백범이 서술해 놓은 것이 있다. 장개석과의 면담에서 오고간 이야기는 크게 두 가지였다. 먼저 장개석이 "동방 각 민족은 손중산(쑨원) 선생의 삼민주의에 부합하는 민주정치를 하는 것이 마땅할 듯하오"라며 삼민주의三民主義 이야기를 꺼냈다. 삼민주의는 손문이 제창한 것으로 중국국민혁명의 기본이념이자 중화민국의 건설방략이었다. 한국도 삼민주의를 따르면 좋겠다는 이야기였다. 그러나 백범은 하고 싶은 이야기가 있었다. "그렇습니다"라고 대답하면서, "좌우를 물리쳐 주시면 필담으로 몇 마디 올리겠습니다"라고 하였다. 배석해 있던 진과부와 박찬익이 밖으로 나갔다. 장개석이 직접 벼루와 붓을 가져다주었다. 백범은 장개석에게 다음과 같이 말하였다.

선생이 백만 원의 돈을 허락하면 2년 이내에 일본·조선·만주 세 방면에서 대폭동을 일으켜 대륙침략을 위한 일본의 교량을 파괴할 터이니, 선생의 생각은 어떠하오.

백범은 장개석에게 한국독립운동에 대한 재정적 지원을 요청하였다. 당시 임시정부가 당면하고 있던 가장 큰 문제는 재정문제였다. 백범은 미주동포들에게 도움을 요청하는 편지를 써 보냈고 이에 호응한 미주동포들이 돈을 보내왔다. 이것을 가지고 이봉창과 윤봉길이 투척한 폭탄도 마련하였고, 임시정부를 유지할 수 있었다.

백범은 한인애국단을 통해 의열투쟁을 전개한 데 대한 성과와 자신감도 갖고 있었다. 백범은 한인애국단을 결성한 후 이봉창의 의거를 비롯하여 조선총독과 만주에 있는 관동군 사령관 등에 대한 처단을 추진하였고, 상해 홍구공원에서 결행한 윤봉길의 의거는 커다란 성과를 거두었다. 백범은 자금만 뒷받침되면 일본·조선·만주 등에서 제2의 윤봉길 의거와 같은 성과를 거둘 수 있다고 생각하였다. 그리고 이것은 중국대륙에 나와 있는 일본군의 중간을 끊는 것으로, 중국에도 크게 도움이 될 것이라는 뜻이었다.

백범의 요청에 대해 장개석은 "서면으로 상세히 계획을 작성하여 보고해주시오"라고 답하였다. 백범은 다음 날 간략한 계획서를 작성해 보냈다. 장개석을 대신하여 진과부가 만나자고 하였고, 그의 별장에서 만났다. 진과부는 "특무공작으로 천황을 죽이면 천황이 또 있고, 대장을 죽이면 대장이 또 있지 않소. 장래 독립하려면 군사를 양성해야 하지 않겠소"라며 군사를 양성하는 것이 좋겠다는 뜻을 피력하였다.

이는 백범이 원하던 바였다. 그러나 감히 부탁하지 못하였던 것을 진과부가 이야기한 것이었다. 군사를 양성하기 위해서는 필요한 것이 적지 않았다. 훈련을 시킬 장소도 있어야 하고, 또 재정적인 문제도 있었다. 이러한 문제는 중국국민당에서 지원하기로 하였다. 진과부는 중앙육군군관학교 낙양분교를 주선해 주었다. 당시 중앙육군군관학교는 남경에 본교가 있고, 각 지역에 분교를 두고 있었다. 낙양분교를 주선해 준 것은 낙양분교 교장 축소주祝紹周가 진과부와 동기생이었던 것이 배경이 되었다.

백범은 낙양분교 안에 한인특별반을 설립하여 군사간부를 양성하기로 하였으나, 군사훈련을 시킬 수 있는 교관과 군사훈련을 받을 청년들이 있어야 했다. 당시 임시정부나 남경에는 교관이 될 만한 인재나 청년들이 많지 않았다. 백범은 비교적 휘하에 많은 청년들을 거느리고 있던 의열단의 김원봉에게 청년들의 군사훈련을 제의하는 한편, 북만주에서 한국독립군을 결성하여 대일항전을 전개하고 있던 이청천 장군을 교관으로 초빙하고, 그 휘하에 있는 독립군들을 입교시킨다는 방침을 세웠다.

한편, 이 무렵에는 한국독립군에서 파견한 대표인 이규채李圭彩·신숙申肅·김상덕金尙德이 남경에 와 있었다. 이들은 임시정부와 중국국민당 정부에 한국독립군에 대한 지원을 교섭하기 위해 파견되었다. 한국독립군은 북만주 일대에서 일본군과 치열한 항전을 전개하다가 곤란한 상황에 처하게 되었다. 연합하여 대일항전을 전개하던 중국 길림구국군의 오의성吳義成 부대가 전리품 분배 등에 불만을 갖고 총사령관 이청천을 비롯한 독립군을 포위하여 무장해제를 시킨 것이었다.

백범은 한국독립군에서 파견된 이규채를 만났다. 그리고 어려운 상황에 처해 있는 총사령관 이청천을 비롯하여 한국독립군 대원들을 중국관내로 이동시켜, 낙양분교에서 군사훈련을 실시할 것을 제의하였다. 백범은 이규채에게 이동에 필요한 경비를 주어 북만주로 보냈다. 백범의 제의를 받은 이청천과 독립군 39명은 1933년 말에 북경을 거쳐 중국관내로 이동하였다.

백범은 낙양군관학교 안에 한인특별반을 설치하였다. 이청천을 비롯하여 오광선吳光鮮과 이범석李範奭 등을 교관으로 하고, 안공근과 안경근安敬根으로 하여금 학생보호계와 생도계를 맡도록 하였다. 그리고 그동안 자신이 모집한 청년과 김원봉 휘하에 있던 청년들, 이청천이 데리고 온 청년들을 낙양군관학교에 입교시켰다. 입교한 청년들은 모두 92명이었다. 이들은 1934년 2월부터 훈련에 들어갔다.

그러나 군사간부 양성은 순조롭게 진행되지 못하였다. 일본 영사 스마須磨가 중국의 군관학교에서 한인청년들에게 군사훈련을 실시하는 것에 대해 중국 측에 강력하게 항의했기 때문이다. 낙양군관학교에 입교한 한인청년들은 모두 신분을 감추고, 이름도 중국 이름을 사용했다. 그렇지만 일제 정보당국이 이를 알아챈 것이다. 여기에 백범과 이청천 사이에 오해와 마찰도 일어났다. 입교생들을 서로 자신의 세력으로 삼으려고 한다는 것이었다.

이로 인해 군사간부 양성은 파행을 겪게 되었다. 백범은 1934년 8월에 자신의 휘하에 있는 입교생 중 25명을 남경으로 철수시켰고, 이청천과 오광선 등 교관들은 사직하였다. 이후 입교생들은 중국인 훈련부대에 분산되어 훈련을 받았다. 그리고 1935년 4월에 62명이 졸업하였다.

백범은 중도 퇴교시킨 청년들을 기반으로 별도의 조직인 한국특무대독립군(특무대독립군)을 1934년 12월에 결성하였다. 특무대독립군은 남경성 목장영木匠營에 본부를 두었고, 군사적 조직체 성격을 갖는 일종의 특무활동을 위한 기구였다. 안공근을 참모로 한 특무대독립군은 백범의 사조직이나 다름없었고, 이를 '김구구락부'라 부르기도 하였다.

백범은 특무대독립군에 이어 별도로 학생훈련소를 운영하였다. 학생훈련소는 중국중앙육군군관학교에 입교시킬 목적으로 청년들을 모집하여 예비교육을 실시했던 곳으로, 숫자가 많을 때는 30여 명을 헤아렸다. 이들 중에는 기초교육을 받고 중앙육군군관학교에 입교하는 경우도 있었고, 특수임무를 부여받고 각지로 파견되기도 하였다. 특무대독립군과 더불어 학생훈련소는 백범의 세력기반이 되었다.

한국국민당을 결성하여 임시정부를 되살리다

백범이 피신해 있는 동안, 임시정부는 다시 무정부 상태에 빠지게 되었다. 윤봉길의 의거 이후 임시정부는 절강성 항주로 이전하였다. 조소앙과 김철 등이 항주에 청사를 마련하고 임시정부를 유지하고 있었지만, 요인들은 가흥과 남경 등지에 흩어져 있었다. 이로써 임시정부를 유지하고 운영하는 데 많은 어려움이 뒤따랐다. 이런 가운데 정당 및 단체를 중심으로 통일운동이 일어났고, 이에 따라 임시정부가 무정부 상태에 빠지게 된 것이었다.

통일운동은 정당 및 단체 중심으로 일어났다. 민족유일당 운동이 결렬된 이후, 독립운동 전선에는 많은 정당들이 결성되어 활동하고 있었다. 임시정부 요인들이 결성한 한국독립당을 비롯하여 김원봉이 주도하는 의열단, 신익희가 주도하는 한국혁명당, 만주에서 내려온 조선혁명당, 김규식을 중심으로 한 한국광복동지회 등이 대표적이었다. 이들 정당 및 단체들은 1932년 말부터 '각 단체의 혁명역량을 집중시켜 대일전선을 확대 강화하자'는 기치 아래 통일운동을 전개하였다.

통일운동은 1934년에 들어서면서 각 정당 및 단체를 해소하고 단일당을 조직하는 방향으로 추진되었다. 그러나 통일운동은 순조롭게 진행되지 못하였다. 단일당 결성과 더불어 임시정부를 폐지하자는 논의가 일어났기 때문이다. 임시정부 폐지 문제가 대두되면서, 임시정부의 기초세력이었던 한국독립당은 논란에 휩싸였다. 임시정부 폐지를 전제로 한 단일당 결성에 참가할 것인가의 여부를 둘러싸고 의견이 찬반으로 갈렸기 때문이었다.

남경에 은거하고 있던 백범은 통일운동에 반대하였다. 통일의 원칙에 대해서는 찬동하지만, 그 의도가 불순하다고 생각했기 때문이다. 백범은 통일운동을 주도하던 의열단장 김원봉의 특별면담 요청으로 남경의 진회秦淮 강가에서 만나, 통일문제에 대해 의견을 나눈 일이 있었다. 이를 통해 김원봉이 통일운동을 추진하는 의도가 '중국인들에게 공산당이라는 혐의를 면하고자'하는 데 있다는 것을 알게 되었다. 백범은 이를 동상이몽同床異夢이라고 생각하였다. 그리고 "나는 목적이 각기 다른 그런 통일운동에는 참가하길 원하지 않소"라며 통일운동에 참가하지 않겠다고 하였다.

백범은 참가하지 않겠다고 하였지만, 항주에 있던 한국독립당의 분위기는 변화하고 있었다. 단일당 참가 여부를 둘러싸고 논란이 거듭되는 가운데, 분위기가 참가 쪽으로 기울었다. 분위기가 변화되자 백범은 이를 막고자 하였다. 항주에 있는 임시의정원에 「임시의정원제공에게 고함」이라는 글을 보내, 단일당 참가를 주장하는 인사들을 맹렬히 비난하는 한편, 자신은 "일심으로 임무를 다하여 임시정부의 책임을 다하고자 노력할 것이며, 임시정부에서 위여委與한 본의를 수행할 것"이라고 하면서, 임시정부를 옹호하고 유지할 것을 천명하였다.

그러나 백범의 뜻대로 되지 않았다. 한국독립당은 단일당 참가여부를 결정하기 위해 1935년 5월에 임시대회를 개최하였고, 여기에서 단일당 참가가 결정되었다. 송병조·차리석·이동녕 등이 '공산주의자들에게 기만·이용당하는 것'이라며 반대하였지만, 조소앙·김붕준·김두봉 등이 독립운동세력의 대동단결을 이루어야 한다며 다수결로 단일당 참가를 결정하였다. 한국독립당이 참가를 결정하면서 통일운동은 급진전되어 1935년 7월 5일에 5개 정당 및 단체가 참여하여 단일당으로 민족혁명당을 결성하였다.

민족혁명당이 결성되면서, 임시정부는 무정부 상태가 되었다. 민족혁명당은 5개 정당 및 단체가 기존의 조직을 해체하고 세력을 통일하여 하나의 새로운 통일체를 결성한 것이었기 때문에 한국독립당도 해체되었다. 한국독립당은 임시정부를 유지하고 운영하는 기초 세력이었다. 이러한 한국독립당의 해체는 임시정부의 기초 세력이 사라진 것이나 다름 없었다. 여기에 임시정부 국무위원 7명 가운데 송병조와 차리석을 제외한 김규식·조소앙·최동오·양기탁·유동열 등 5명이 민족혁명당에 참가하고, 국무위원직을 사임하였다. 이로써 임시정부는 무정부 상태에 빠지게 되었다.

임시정부는 무정부 상태가 된 것만이 아니라, 존립자체가 위협받게 되었다. 세력기반이었던 한국독립당이 해체된 것도 중요한 요인이었지만, 민족혁명당의 탄생이 임시정부 폐지를 전제로 한 것이었기 때문이다. 이처럼 민족혁명당이 결성되면서 독립운동전선에 커다란 변화가 일어났다. 임시정부의 위상이 크게 약화되고, 민족혁명당이 독립운동의 주도적 위상을 갖게 되었다.

백범은 임시정부가 무정부 상태가 되었다는 소식을 듣고 항주로 달려갔다. 일제 경찰의 추적을 피하며 남경에서 은거하고 있었지만, 임시정부의 무정부상태를 수습해야 한다고 생각했기 때문이다. 백범은 항주에서 송병조·차리석·이시영·조완구 등을 만났다. 이들은 민족혁명당에 참가하지 않고 임시정부를 유지하고 있었다. 백범은 이들과 임시정부의 무정부 상태를 수습하고 다시 일으켜 세우는 방안을 협의하였다.

방안의 하나는 결원이 된 국무위원을 보선補選하는 것이었다. 임시정부 헌법에 국무위원은 모두 7명으로 되어 있었다. 그러나 국무위원 5명이 민족혁명당 결성에 참여하면서 국무위원직을 사임한 상태였다. 국무위원은 임시의정원에서 선출하도록 되어 있었다. 백범은 가흥으로 가서 1935년 11월 2일에 남호의 배 위에서 제28회 임시의정원 회의를 열었

가흥에서 임시정부의 무정부 상태를 수습한 국무위원들

다. 회의에서 김구·이동녕·이시영·조성환·조완구를 국무위원으로 선
출하였다. 그리고 이동녕이 주석, 조완구는 내무장, 김구는 외무장, 조
성환은 군무장, 이시영은 법무장, 송병조는 재무장, 차리석은 비서장을
맡았다. 이로써 무정부상태가 수습되고, 임시정부는 조직을 다시 갖추
게 되었다.

　무정부 상태를 수습하고 정부의 조직을 갖춘 후, 백범은 임시정부를
유지하고 운영할 수 있는 세력기반을 마련하고자 하였다. 세력기반을

마련하는 일은 백범 휘하에 있던 청년들과 민족혁명당에 참여하지 않은 한국독립당 당원들을 결집하는 것으로 추진되었다. 당시 백범 휘하에는 한인애국단과 특무대독립군이 있었고, 가흥·항주·남경을 비롯하여 광주의 광동지부에는 민족혁명당에 참여하지 않은 당원들이 있었다.

백범은 이동녕·송병조 등과 함께 이들을 결집하여 한국국민당을 결성하였다. 한국국민당의 결성은 해체된 한국독립당을 대신하여 임시정부의 기초세력을 갖추기 위한 것이었다. 백범은 1935년 11월에 이동녕·송병조 등과 한국국민당을 창당하였다. 이동녕·송병조·조완구·차리석·김붕준·안공근·엄항섭이 이사로 선임되었고, 백범은 이사장을 맡았다. 한국국민당은 스스로 '이단적 사상에 좌우되어 방황한 적이 없는 순진한 광복운동자의 당'임을 천명할 정도로 철저하게 민족주의적 입장을 고수하였고, 임시정부의 세력기반이 되었다.

한국국민당은 창당 이후 점차 세력기반을 확대하여 나갔다. 창당 당시에는 당원이 백여 명 정도였다. 1936년 3월부터 기관지로 『한민』을 발행하는 한편, 한국국민당청년단, 한국청년전위동맹 등의 청년 조직을 결성하면서 조직을 확대하였다. 이들 단체는 백범 휘하에 있던 청년들이 중심이 되어 조직한 것이고, 안공근이 직접 지도하였던 것으로 알려져 있다.

백범은 한국국민당을 기반으로 임시정부를 다시 일으켜 세웠다. 한국국민당은 임시정부의 기초 세력이 되었고, 민족혁명당에 맞설 수 있는 위상을 갖게 되었다. 이로써 임시정부는 존립 위기로부터 완전히 벗어났다. 그리고 정부로서의 조직을 유지하고, 활동할 수 있게 되었다.

전란 속에서 임시정부를 유지하다

남경에서 장사로

1937년 7월 7일, 중국과 일본 사이에 전쟁이 일어났다. 전쟁은 북경 교외의 노구교에서 시작되었다. 일본군이 중국군을 공격하자, 중국이 전면적인 전쟁에 돌입했다. 중국은 일제가 1931년 9월에 만주를 침략했을 때만 해도 전쟁을 피했다. 공산당과의 투쟁을 벌이고 있던 장개석은 '먼저 국내를 안정시키고 후에 외적을 물리친다先安內後攘夷'는 정책이었고, 만주군벌 장학량張學良에게 일본과 싸우지 말고 군대를 이끌고 중국 관내로 이동하라고 하였다. 그러나 일본군이 관내 지역인 북경을 침략하자 일본과의 전면적인 전쟁을 선포하였다.

백범은 중일전쟁이 발발한 소식을 듣고, 곧바로 국무회의를 소집하였다. 중국이 일본과 전쟁하는 것을 독립운동가들은 바라고 있던 터였다. 한반도를 차지한 일본은 계속적으로 세력을 팽창하려고 할 것이고, 그렇게 되면 중국·소련·미국 등과 전쟁을 하게 될 것이라 전망하면서, 이들과 함께 일본과 독립전쟁을 전개하려는 전략을 가지고 있었다. 중일전쟁은 독립에 좋은 기회였다. 이에 대한 대책을 강구하고자 국무회의를 소집한 것이었다.

국무회의에서는 전시체제에 어떻게 대응할 것인가 하는 문제가 논의되었다. 군대를 편성하여 일본과의 전쟁에 돌입하자는 것으로 정해졌고, 이를 위한 기구로 군사위원회를 설치하기로 하였다. 그리고 일주일 뒤에 유동열·이청천·이복원·현익철·김학규·안공근을 위원으로 한 군사위원회를 발족시켰다. 이들은 일본 육군사관학교(유동열·이청천)와 미국 육군사관학교(이복원) 출신으로, 만주에서 한국독립군(이청천·이복원)과 조선혁명군(현익철·김학규)을 조직하고 운영하면서, 항일 무장투쟁을 전개하였던 군사인재들이었다.

군사위원회에서는 전쟁에 참전하기 위한 방안을 마련하였다. 1개 연대 규모의 군대를 편성하여 전쟁에 돌입한다는 계획을 세운 것이다. 당시 임시정부가 있던 곳에는 중국의 군관학교를 졸업한 한인청년들이 적지 않았고, 또 중국 각 지역에 나와 있는 한인청년들을 불러 모으면 병력을 확보할 수 있었다. 백범은 임시정부 예산의 65%에 해당하는 37만 원을 군사위원회에 배정하고, 군사활동을 추진하도록 하였다.

그러나 예상과 달리 전쟁상황은 급속하게 변화되었다. 일본군이 파죽지세로 중국대륙 각 지역으로 전선을 확대하면서 중국의 수도인 남경이 위협을 받게 된 것이었다. 1931년에 만주 지역을 차지한 일본은 이미 내몽고 지역과 화북일대까지 점령한 상태였다. 일본군은 북경과 천진 등지를 점령한 이후 남경으로 들어가는 관문이라고 할 수 있는 상해를 점령하고 남경으로 쳐들어 왔다.

일본군은 육군에 앞서 비행기로 남경을 공격하였다. 매일같이 수많은 비행기가 날아와 폭격을 퍼부어댔다. 폭탄은 백범이 거처하던 곳에도 떨어졌다. 폭격 소리에 놀라 방문 밖으로 나서자 집안의 천장이 무너져 내렸다. 뒷방에서 자고 있던 주애보는 흙먼지를 뒤집어쓰고 나왔다. 집은 무너지고 밖에는 시체가 헤아릴 수 없이 많았다. 백범은 당시의 상황을 "각처에서 불빛이 하늘로 높이 치솟아 하늘색은 마치 붉은 담요와 같았다"라고 하였다.

당시 백범은 남경에 있었다. 장개석과의 면담을 위해 남경에 온 이후 가흥에서의 피신 생활을 접고 남경으로 거처를 옮긴 것이다. 일제 경찰의 추적이 계속되고 있었기 때문에 남경에서도 피신 생활을 하였다. 백범은 남경에 와서 주애보를 불러와 회청교 부근에서 함께 생활하며, 광동 해남도 사람으로 행세하며 지내고 있었다.

중국국민당 정부는 일본군을 막아내지 못했다. 일본군이 남경으로 쳐들어오자, 수도인 남경을 버리고 한구를 거쳐 사천성 중경으로 옮겨갔다. 이러한 상황에서 임시정부는 군사위원회가 계획한 것을 실행에 옮길 수가 없었다. 급한 것은 전선에서 벗어나는 것이었다. 중국국민당 정부가 이미 피난한 상태에서 더 이상 남경에 머물러 있을 수가 없었다.

백범은 호남성 장사長沙로 피난을 결정하였다. 장사는 남경에서 서쪽에 있는 곳으로, 전선으로부터 먼 곳이기도 하였고, 다른 곳보다 물가가 싸다는 것이 주된 이유였다. 백범은 진강鎭江에 있는 임시정부로 하여금 장사로 피난하도록 하고, 상해·항주·남경에 있던 요인들에게도 여비를 보내 남경으로 집결하도록 하였다. 그리고 안휘성 둔계屯溪에서 중학교를 다니고 있던 둘째 아들 신信도 불러 왔다. 이들과 함께 11월 23일에 영국 배를 타고 남경을 떠났다.

당시 임시정부는 진강에 있었다. 진강은 남경에서 멀지 않은 곳에 있던 작은 도시였다. 윤봉길 의거 직후 항주로 이전하였던 임시정부는 1935년 12월에 진강으로 다시 이전하였다. 임시정부를 진강에 둔 데는 이유가 있었다. 백범을 비롯한 임시정부 요인 상당수가 남경에 머물고 있음을 파악한 일본 측이 이들을 보호하고 있는 중국 측에 강력히 항의했기 때문이다. 이에 남경의 위수사령관인 곡정륜谷正倫이 개인적으로 남경에 있는 것은 가능하지만, 임시정부는 남경이 아닌 다른 곳에 둘 것을 요청하였다.

백범이 장사에 도착하였을 때, 조성환과 조완구 등이 임시정부의 문서와 장부를 챙겨가지고 먼저 도착해 있었다. 이어 남경에서 출발한 백여 명도 도착하였다. 이로써 남경과 진강 등에 흩어져 있던 임시정부 요인들이 한곳에 모이게 되었다. 이들 뿐만 아니라 조소앙이 이끄는 한국독립당과 이청천이 주도하는 조선혁명당 인사들도 장사로 이동하였다.

백범이 떠난 지 얼마 안 되어 남경은 일본군에 함락되었다. 일본군에 점령된 남경은 아수라장이 되었다. 일본군이 3주만에 30만 명을 무참하게 학살하는 '남경대학살'을 자행한 것이다.

장사에서의 생활은 비교적 안정적이었다. 낙양군관학교를 운영할 때부터 친분이 있던 장치중張治中이 호남성 주석으로 부임해 오면서, 임시정부와 관련된 일도 잘 해결되었고 신변도 보호받게 되었다. 백범은 그동안 가명을 사용하고 광동인으로 행세하며 지내다가 장사에서는 한국인의 신분으로 김구라는 이름을 사용하며 지냈다. 상해 시절 이래 특히 이봉창 의거와 윤봉길의 의거 이후 일제의 추적으로부터 벗어나 비교적 자유로운 삶을 살게 되었다.

백범은 장사에서 활동하며 한국국민당·한국독립당·조선혁명당의 통합을 추진하였다. 한국국민당은 백범이 주도하고 있었고, 한국독립당은 조소앙과 홍진이 주도하고 있었다. 그리고 조선혁명당은 만주에서 이동해 온 세력들을 중심으로 이청천이 주도하고 있었다. 이들 3당은 모두 민족주의 계열로 정치적 이념이나 노선이 크게 다르지 않았다. 다만 통일운동이 대두되고 민족혁명당이 결성될 때, 서로 의견을 달리하여 별도로 정당을 만든 것이었다.

이들 3당은 모두 장사에 모여 있었다. 백범은 이들 3당을 임시정부의 세력기반으로 삼고자 하였고, 이를 위해 통합을 제의하였다. 이에 따라 조선혁명당 본부인 남목청楠木廳에서 통합을 논의하기 위한 첫 모임이 1938년 5월 7일에 이루어졌다. 회합에는 국민당 대표로는 김구와 조완구가 참석하였고, 한국독립당 대표로는 조소앙과 홍진이 참석하였다. 조선혁명당 대표로는 이청천과 조경한, 현익철이 참석하였고, 유동열과 이복원 등이 참관인으로 참석하였다.

그러나 회의는 순조롭게 진행되지 못하였다. 조선혁명당 소속 이운환李雲煥이 회의장에 들어와 권총을 난사한 것이다. 현익철은 즉사하였고, 유동열과 이청천은 총상을 입었다. 백범도 큰 부상을 입고 상아병원으로 옮겨졌다. 그러나 살아날 가망이 없는 것처럼 보였다. 처음에는 의사도 치료를 포기하였지만, 다행히 총알이 심장 바로 앞에서 멈췄다. 백범이 피격당한 사실이 알려지자 장개석은 편지를 보내는 등 각별한 관심을 보냈고, 호남성 주석 장치중도 직접 병원을 찾아와 치료에 만전을 다하라고 당부하였다. 백범은 수술을 받고 살아났다.

이 사건이 왜 일어났는지에 대해서는 정확하게 알려진 것이 없다. 임시정부 내무부에서 이운환과 공모 혐의자로 강창제와 박창세 등을 체포하였지만, 배경이나 증거를 명확하게 찾아내지 못하였다. 임시정부에서는 일제의 사주에 의해 일어난 것으로 파악하였고, 일제가 작성한 자료에는 3당의 지위 및 자금 분배 등을 둘러싼 내부 알력 때문인 것으로 나타나 있다. 어쨌든 이 사건은 독립운동 진영에서 일어난 비극적인 사건이 아닐 수 없었고, 이로 인해 3당 통합문제는 중단되었다.

장사에서 광주廣州를 거쳐 중경重慶으로

장사에서의 생활은 오래가지 못하였다. 일본군이 장사를 공격해 왔기 때문이다. 장사는 북경에서 광주로 연결되는 철도가 지나는 곳으로 중일전쟁에서 중요한 전략의 요충지로 부상되었다. 특히 일본군의 작전이 주요 철도와 도시를 장악하는 것으로 추진되었고, 북경에서 광주로 이어지는 철도를 장악하려는 대륙타통작전大陸打通作戰을 전개함에 따라 장사가 전략적 요충지로 부상했다. 남경을 점령한 일본군은 한구漢口를 차지하고, 이어 장사를 공격하기 시작하였다.

일본군이 장사를 향해 진격해 오자, 백범은 이에 대한 대책을 마련해야 했다. 이를 위해 국무회의가 소집되었다. 국무회의에서는 임시정부를 운남성雲南省 곤명昆明으로 이전한다는 방침을 정하고, 임시정부뿐만 아니라 3당에 소속된 인원들도 함께 가기로 결정하였다. 그러나 임시정부와 백여 명에 달하는 인원들이 이동하는 것은 간단한 문제가 아니었다. 중국의 각 기관들은 물론이고 중국인들도 피난을 하는 중이었기 때문에, 운송수단을 마련하는 문제가 쉽지 않았다.

당시 백범은 병원에서 막 퇴원하였고, 몸도 완전한 상태가 아니었다. 독자적으로 운송수단을 마련할 수 있는 여건도 되지 못해서 호남성 주석 장치중을 찾아가 부탁하였다. 장치중은 특별히 배려해 주었다. 광동성 광주로 가는 기차 한 칸을 독채로 마련해 주었을 뿐만 아니라 광동성 주석인 오철성吳鐵城에게 소개장도 써 주었다.

1938년 7월 17일, 백범은 임시정부와 백여 명의 인원을 이끌고 장사를 출발하였다. 다행히 기차를 탈 수 있었지만, 일본 비행기의 공습 때문에 가는 길은 쉽지 않았다. 당시 일본 비행기는 대만과 제주도를 거점으로 삼아 중국 각 지역을 공습하였다. 광주로 향하는 기차에서도 여러 차례 공습이 있었다. 일본 비행기가 공습하면 기차는 멈춰섰고, 모두 내려서 숲속에 숨어야 했다. 이 과정을 반복하면서, 출발한 지 나흘만에 도착하였다.

광주에 도착하자, 채원개蔡元凱와 이준식李俊植이 마중을 나왔다. 채원개와 이준식은 낙양강무당과 운남강무당 출신으로, 당시 광주에서 중국군으로 복무하고 있던 한국인 장교였다. 이들의 주선으로 임시정부 요인들은 광주시내에 있는 동산백원東山柏園에 머물렀고, 백여 명의 가족들은 아세아여관에 머물도록 하였다. 광주에 머물며 운남성 곤명으로 이동할 방법을 알아보았지만, 별다른 방도를 찾을 수가 없었다.

백범은 곤명으로 갈 것을 포기하고 광주에 머물기로 하였다. 그렇지만 광주도 안전한 곳이 아니었다. 일본 비행기가 광주시내에 폭격을 했기 때문에 임시정부와 대가족의 안전을 보장할 수가 없었다. 우선 급한 대로 광주시내에서 멀지 않은 남해현성南海縣城의 작은 도시인 불산佛山으로 임시정부와 가족들을 옮겼다. 광주와 같은 커다란 시내보다는 작은 시골 도시가 안전하다고 여겼기 때문이다.

임시정부는 전란 속에서 머물 곳이 없었고, 특별한 방도도 찾기 어려웠지만 백범은 방법을 찾아야만 했다. 아무리 생각해도 부탁할 곳은 장개석밖에 없었다. 백범은 장개석에게 전보를 보내 임시정부를 중경으로 옮길 수 있도록 도움을 요청하였다. 당시 장개석은 남경에서 중경으로 이동해 있었다. 장개석은 백범의 요청을 받아들였다. 중경으로 오라고 한 것이었다.

장개석의 답신을 받은 백범은 조성환曺成煥, 나태섭羅泰燮과 함께 중경을 향해 출발하였다. 조성환은 관립한어학교 출신으로 중국어를 잘했고, 나태섭은 중국중앙육군군관학교 10기생으로 백범 휘하에 있던 청년이었다. 백범은 이들과 함께 광주에서 다시 장사로 올라갔다. 장치중을 만나 중경으로 가는 편의를 제공받고, 귀주성 귀양貴陽과 사천성 기강綦江을 거처 중경에 도착하였다.

백범이 중경에 도착하였을 때, 임시정부는 광주에서 광서성 유주柳州로 이동하였다. 일본군이 항구도시인 하문廈門을 점령한 후 광주를 향해 진격해 오자, 불산에 있던 임시정부와 광주시내에 분산되어 있던 가족들은 다시 피난길에 올랐다. 광주에 머무른 지 세 달 만이었다.

백범은 임시정부가 유주에 도착하였다는 소식을 듣고, 이들을 중경으로 데리고 오는 문제를 중국정부와 교섭하였다. 교통편과 이주 비용을 마련하는 것이 시급한 문제였다. 당시 중국정부도 군수품을 운반하는 데 차량이 절대적으로 부족한 형편이었지만, 백범의 요청을 들어 주었다. 차량 6대와 여비까지 지원해 준 것이었다.

백범은 임시정부와 소속 인원들이 거처할 곳을 기강으로 정했다. 기강은 귀주성과 사천성의 경계에 있는 소도시로 중경에서 60km 정도 떨어져 있었다. 기강으로 정한 데 대해 『백범일지』에서는 '귀양서 중경 오던 길에 기강이 좋아 보였다'고 서술하였지만, 중경에는 거처를 마련하기가 어려웠다. 중경은 인구 20만 명 정도 되는 소도시였다. 중국정부가 이곳을 전쟁 중에 임시 수도로 정하자, 중국정부의 각 기관을 비롯하여 수많은 피난민들이 중경으로 몰려들었다. 인구가 갑자기 200만 명을 넘어서면서 주택 물가 등의 문제가 간단하지 않았던 것이다.

유주에 머물고 있던 임시정부와 소속 인원들을 기강으로 오도록 하는 한편, 백범은 조성환을 기강으로 보내 거처할 집과 물품 등을 준비하도록 하였다. 유주에 있던 임시정부와 소속 인원들은 120여 명이었다. 이들은 1939년 4월 6일부터 순차적으로 출발하여 5월 3일까지 기강에 도착하였고, 미리 준비해 놓은 곳에 분산하여 배치하였다. 임시정부와 한국국민당 소속은 상승가上昇街의 진가공관陳家公館과 임강가臨江街의 진백훈陳伯勛의 집에, 조소앙과 홍진 등 한국독립당 인사들은 신가자新街子 삼태장三台莊에, 김학규 등 조선혁명당 인사들은 국파로菊坡路에, 그리고 한국광복진선청년공작대의 청년들은 관음암觀音庵에 머물도록 하였다.

일단 기강에 거처를 마련하였지만, 백범의 목적은 중경으로 옮기는 것이었다. 기강과 중경은 하루 정도 걸리는 거리였다. 그렇지만 자신은 중경에 있고 임시정부 요인들은 기강에 있어 적극적인 활동을 할 수 없었고, 중국정부와의 교섭을 위해서도 중경으로 이전해야 했다. 이에 백범은 중국정부와 중경으로 이전하는 문제를 교섭하였다. 그 결과 중국진재위원회의 후원을 얻어 중경 교외의 토교土橋라는 지역을 빌려 가족들을 이주시키고, 임시정부도 1940년 9월에 중경으로 이전하였다.

중경에 정착하면서, 임시정부의 '대장정'은 끝났다. '대장정'이라고 하면, 흔히 중국공산당의 2만 5천 리 장정을 떠올린다. 중국공산당의 홍군이 1934년 10월에 소비에트 해방구인 서금瑞金과 정강산井崗山을 떠나 중국국민당 군대의 추격을 받아가며 만여 km를 걸어 2년만인 1936년 10월 연안에 도착한 것을 '대장정'이라고 한다.

임시정부의 피난길은 중국공산당의 '대장정' 못지않았다. 1932년 5월에 상해를 떠나 항주 → 진강 → 장사 → 광주 → 유주 → 기강을 거쳐 1940년 9월 중경에 정착했다. 거리로 보아도 중국공산당의 '대장정'에 못지않았고, 시간적으로도 8년이 넘는 기간이었다. 백범은 이러한 대장정을 거치면서도 임시정부를 유지하고 운영해 왔다. 그리고 중경에서 새로운 임시정부 시대를 열게 되었다.

어머니, 돌아가시다

임시정부가 기강에 도착할 무렵, 백범은 개인적으로 커다란 슬픔을 겪었다. 어머니가 작고한 것이다. 유주에서 출발한 임시정부를 기다리고 있을 때, 둘째 아들이 어머니를 모시고 중경에 도착하였다. 어머니는 둘째 아들이 모시고 임시정부와 함께 이동하고 있었다. 그러다 광서지방의 풍토병인 인후염을 얻어 위독해지자, 둘째 아들이 먼저 모시고 온 것이다.

중경에 도착하였을 때, 어머니의 병환은 이미 때가 늦어 있었다. 소식을 들은 김홍서金弘敍가 찾아와 중경 남안에 있는 손가화원孫家花園의 자기

두 아들과 함께 어머니를 모시고(가흥에서, 1934)

집으로 모시고 갔다. 김홍서는 흥사단 원으로 조선민족혁명당과 함께 중경으로 와서 남안南岸에 거주하고 있던 인물이었는데, 백범이 지내는 여관보다 자기 집에서 편하게 모시겠다고 한 것이다. 백범은 급히 만현萬縣에 있는 유진동劉振東을 불렀다. 유진동은 상해에 있는 동제대학을 졸업하고 의사로 활동하던 인물이었다. 유진동이 도착하였지만, 어머니는 1939년 4월 26일에 향년 81세로 숨을 거두셨다.

백범에게 어머니는 각별한 존재였다. 스무 살에 왜놈을 죽이고 인천 감옥에 있을 때, 남의 집 식모살이를 하며 아들의 뒷바라지 한 어머니였다. 그리고 백범의 아내가 죽은 이후에는 두 아들의 어머니 역할을 하기도 하였다. 돌이 갓 지난 둘째 아들을 빈 젖꼭지를 물려 키웠고, 임시정부를 떠날 수 없다며 아비 역할을 못 하는 아들을 대신하여 고향에 가면 밥은 굶지 않을 거라며 손자를 데리고 귀국하셨던 분이다.

그랬던 어머니가 1934년 4월, 9년 만에 두 손자를 데리고 가흥으로 찾아오셨다. 그렇지만 백범은 피신하는 몸이라 어머니를 제대로 모실 수가 없었다. 백범이 가정을 돌보지 못하였지만, 어머니는 한번도 탓하지 않으셨다. 동지들이 생일상을 차리라며 돈을 마련해 주자, 그럴 돈이 있으면 권총 한 자루를 사라며 호통을 치던 어머니였다. 그런 어머니가

장례식　어머니를 떠나보내다.

남경·장사·광주·유주로 다니다가 병을 얻었고, 끝내 돌아오지 못할 길
을 가셨다. 백범은 '불효자를 용서하시라'며, 어머니를 화상산 공동묘지
에 모셨다.

임시정부 주석이 되다

임시정부를 기강에 정착시키는 것과 더불어 백범이 추진한 일이 두 가
지 있었다. 하나는 임시정부의 재정을 마련하는 일이었다. 윤봉길 의거
이후 중국정부로부터 재정적 지원을 받았지만, 정부를 운영하기에는 턱
없이 모자랐다. 국내와의 연계망도 모두 끊어졌을 뿐만 아니라 중국 관
내에도 독립운동 자금이나 세금을 낼 국민들이 없었다. 믿을 곳은 미주

교포들 뿐이었다. 상해에서 그랬던 것처럼, 백범은 미주교포들에게 재정적 후원을 요청하였다.

다른 하나는 임시정부를 중심으로 독립운동 세력의 통일을 추진하였다. 당시 중국 관내 독립운동 진영은 크게 한국광복운동단체연합회(광복진선)와 조선민족전선연맹(민족전선)으로 양대 진영을 형성하고 있었다. 광복진선은 한국국민당을 비롯하여 한국독립당과 조선혁명당이 연합한 우익세력의 연합체였고, 민족전선은 김원봉이 주도하고 있던 조선민족혁명당을 비롯하여 조선민족해방동맹·조선혁명자연맹·조선청년전위동맹이 연합한 좌익세력의 연합체였다.

백범은 이들 좌우익 정당 및 단체의 통일을 추진하였다. 통일운동은 이전에도 몇 차례 추진된 적이 있었다. 이를 다시 추진한 것은 통일에 대한 당위성도 있지만, 무엇보다도 중일전쟁이 전개되고 있는 상황에서 좌우로 분산되어 있는 독립운동 세력을 한곳으로 집결시켜야 한다고 생각했기 때문이다. 또 중국의 영향도 있었다. 국민당과 공산당이 제2차 국공합작을 이루어 전면적인 대일항전을 전개하고 있는 상황을 보면서, 좌우익 세력을 통일시켜 대일항전에 나설 필요성이 대두되었다.

백범은 중경 남안으로 조선민족혁명당 본부를 찾아갔다. 민족혁명당을 비롯한 좌익 진영의 세력들은 임시정부보다 먼저 중경에 도착하여 양자강 건너 남안의 아궁보鵝宮堡와 손가화원에 자리 잡고 있었다. 백범은 윤기섭·김홍서·최석순·김상덕 등 민족혁명당 간부들을 만나 좌우익 독립운동 세력의 통일문제를 제안하였다. 좌익 진영의 인사들도 통일에 적극 찬동을 표시하였고, 구체적 방안에 대한 협의에 들어갔다.

백범은 좌익 측과 협의하여 통일을 위한 방안을 마련하였다. 그리고 이를 1939년 5월 10일에 김원봉과 공동명의로 「동지동포들에게 보내는 공개신」이란 이름으로 발표하였다. 이는 중일전쟁이라는 좋은 기회에 독립을 쟁취하기 위해서는 전 민족의 역량을 한곳으로 집중시켜야 한다는 전제하에, 좌우익 진영의 정당 및 단체를 일체 해소하고 새로운 통일된 단일조직을 수립하는 것을 핵심 내용으로 한 것이었다.

그러나 의외의 반대에 부딪쳤다. 미주동포들과 한국국민당 간부들이 반대한 것이었다. 미주교포들은 김원봉을 공산주의자라고 하면서 "선생이 공산당과 합작하여 통일하는 날, 우리 교포와는 인연이 끊어지는 줄 알고 통일운동을 하시오"라며 강력히 반대하였다. 백범이 이사장으로 있던 한국국민당 간부들도 반대하고 나섰다. 이들은 '주의가 같지 않은 단체와 단일조직은 불가능하다'며 반대한 것이다.

백범은 이들을 설득하였다. 설득의 논리는 중국이 국공합작을 이루어 일본과 전면적인 전쟁을 전개하고 있는 상황에서 우리도 좌우익 독립운동 세력을 통일하여 민족의 역량을 한곳으로 결집시켜야 한다는 것이었다. 그리고 자신도 지금까지 공산주의자들과의 통일을 반대하였지만, 독립을 쟁취할 때까지는 좌우익이 독립을 목표로 단일조직을 결성해야 한다고 하였다. 백범의 설득은 한 달여에 걸쳐 이루어졌고, 마침내 동의를 얻어냈다.

백범은 좌우익 진영의 7개 정당 및 단체가 모일 수 있는 장소를 마련하였다. 기강현장인 이백영李白英에게 협조를 요청하여 기강시내에 있는 영산빈관瀛山賓館을 빌렸다. 그리고 1939년 8월 27일에 우익 진영의 국민당(조완구·엄대위), 한국독립당(홍진·조소앙), 조선혁명당(이청천·최동오)과 좌익 진영의 민족혁명당(성주식·윤세주), 조선민족해방동맹(김규광·박건웅), 조선청년전위동맹(신익희·김해악), 조선혁명자동맹(유자명·이하유) 등이 참가한 가운데 7당 통일회의를 개최하였다.

7당 통일회의는 백범과 김원봉이 「동지동포들에게 보내는 공개신」을 통해 합의한 원칙하에, 좌우익 독립운동 세력의 통일을 이루어 단일당을 결성하는 문제를 논의하는 자리였다. 참가한 단체는 통일의 당위성에 대해서는 이견이 없었다. 그러나 통일의 방법을 둘러싸고 다른 의견이 개진되었다. 조선민족해방동맹과 조선청년전위동맹 측이 주의가 같지 않으므로 연맹 방식으로 할 것을 제의하였다. 연맹 방식은 각 단체는 그대로 두고 각 단체가 연합하는 형식으로 통일을 이루는 것이었다. 이들은 연맹 방식이 받아들여지지 않자 탈퇴를 선언하였다.

좌우익 7개 정당 및 단체가 통일하여 단일당을 결성하자는 시도가 좌절되자, 백범은 우익 진영 3당의 통일을 추진하였다. 우익 진영 3당은 한국국민당, 한국독립당, 조선혁명당을 말하는 것으로, 이들은 정치적 이념이나 임시정부를 옹호하고 유지하여야 한다는 데 의견을 같이하고 있었다. 이들 3당은 임시정부로 세력을 결집시켜야 한다는 의견에 합의를 이루고, 3당이 통일을 이루어 새로이 신당을 창립하기로 하였다.

3당의 통일은 각자의 조직체를 완전히 해체하고 새로운 정당을 결성하는 것으로 추진되었다. 3당의 대표들이 참가하여 새로이 창당할 당명·당의·당강·정책·조직 등을 협의하였다. 당명은 한국독립당으로 결정되었다. 당의 조직은 중앙집행위원제로 하고, 중앙집행위원장에 백범

한국독립당 중앙집행위원 및 감찰위원 일동(1940. 5. 16.)

을 선출하였다. 이로써 3당의 통일이 실현되었고, 1940년 5월 9일에 창립대회를 개최하고 한국독립당을 창당하였다. 한국독립당은 우익 진영 세력이 하나의 통일체로 결집한 것이었고, 임시정부의 기초 세력이자 기반이 되었다.

한국독립당이 창당되면서 백범의 위상에도 변화가 있었다. 한국국민당의 이사장에서 우익 진영을 대표하게 된 것이었다. 백범은 그동안 3당으로 나뉘어져 있던 우익 진영의 독립운동 세력이 통일을 이루고, 한국독립당의 중앙집행위원장에 선출되면서, 우익 진영을 대표하는 지도자로서의 확고한 위상을 갖게 되었다.

백범은 한국독립당을 결성한 후, 이를 기반으로 임시정부의 조직을 확대하고 정비하였다. 그동안 한국국민당 중심으로 조직되고 운영되어 왔던 임시의정원과 임시정부에 한국독립당과 조선혁명당의 인사들을 참여시켰다. 임시의정원은 재적의원 17명에서, 새로이 18명을 보선하여 모두 35명으로 의원 수를 늘렸다. 그리고 임시정부의 국무위원도 기존의 7명 이외에 홍진, 조소앙, 이청천, 유동열 등 4명을 새로이 선출하였고, 정부의 부서도 내무·외무·군무·법무·참모·재무의 6개 부서를 두기로 하였다.

정부의 조직을 확대하고 정비한 후, 백범은 헌법을 개정하여 단일지도체제를 확립하였다. 임시정부는 1927년 이래 국무위원회제로 운영되고 있었다. 이는 국무위원들이 공동 책임을 지는 집단지도체제로서 강력한 지도력을 발휘하기가 어려웠다. 백범은 전시체제에 대응하기 위해서는 강력한 지도력을 발휘할 수 있는 체제가 필요하다고 보고, 1940년 10월 9일에 헌법을 개정하여 단일지도체제인 주석제를 확립하였다. 개정된 헌법에 의해 임시의정원에서 주석에 대한 선거가 이루어졌다. 선거 결과 백범이 주석으로 선임되었다.

이로써 백범은 임시정부의 최고 지도자가 되었다. 임시정부 행정수반의 명칭은 처음에는 대통령이었다가 국무령으로, 다시 주석으로 바뀌었다. 주석은 임시정부를 대표하며 국군의 통수권을 행사하는 행정수반으로, 국가원수와 같은 지위였다. 백범은 주석으로 선임되면서 한국독립당의 중앙집행위원장, 그리고 뒤에서 언급할 한국광복군의 통수권자가 되었다. 이로써 백범은 당·정·군의 실질적인 대표가 된 것이었다. 이후 임시정부는 김구 주석 체제로 운영되었다.

한국광복군을 창설하다

백범은 임시정부의 조직을 확대하고 정비하면서, 한국광복군을 창설하였다. 임시정부는 수립 직후인 1919년 12월 18일에 '대한민국육군임시군제', '대한민국육군임시군구제', '임시육군무관학교조례'를 발표하여 군대를 편성하고, 이를 기반으로 독립전쟁을 전개하려는 계획을 세웠다. 이 계획은 많은 인원과 자금을 필요로 하였는데, 임시정부가 필요한 인적·재정적 기반을 마련하지 못하면서 실행에 옮겨지지 못하였다.

백범은 이로부터 20여 년이 지난 1940년에 이 계획을 실행에 옮겼다. 이보다 앞서 백범은 윤봉길 의거 이후 낙양군관학교에 한인특별반을 설치하여 군사간부를 양성한 일이 있었다. 그리고 중일전쟁이 발발하자 군무부 산하에 군사위원회를 설치하여, 군사전문가들로 하여금 군사정책과 활동을 추진하도록 한 일도 있었다. 그러나 일본군의 점령 지역을 피해 다니느라 이를 실행하지 못하고 있다가 중경에 정착하면서 이를 추진하게 되었다.

광복군을 창설하기 위해서는 해결해야 할 문제들이 적지 않았다. 우선 군대를 편성하기 위해서는 병력이 있어야 했지만 당시 중경에는 병력이 될 만한 한인청년들이 없었다. 한인청년들이 있는 곳은 일본군이 점령하고 있던 화북 지역이었다. 화북 지역에는 약 20만 명에 이르는 한인들이 이주해 있었고, 이들 중에 청년들도 적지 않았다. 이들을 대상으로 초모招募활동을 전개하여 병력을 모집한다는 방침을 세웠다. 그리고 조성환을 단장으로 한 군사특파단을 구성하여 화북 지역과 최전선을 이루고 있던 섬서성 서안^{西安}으로 파견하여 병력을 모집하도록 하였다.

그리고 재정을 마련해야 했다. 재정은 미주동포들에게 광복군을 편성한다는 계획을 알리고, 이에 필요한 지원을 요청하였다. 이에 대해 미주동포들은 "광복군 조직은 3·1운동 이후 처음 있는 큰 사건"이라며, 적극적으로 후원하고 나섰다. 미주 지역에서 발간되던『신한민보』를 비롯하여 여러 단체들은 "힘이 있으면 힘을, 돈이 있으면 돈을 내라"며 모금활동을 전개하였다.

또한, 중국정부 당국을 상대로 광복군 창설에 대한 승인과 양해를 얻어야 했다. 중국 영토 안에서 군대를 편성하려면 중국 당국의 승인과 양해가 필요했기 때문이다. 백범은 중국의 주가화^{朱家驊}·서은증^{徐恩曾} 등 한국 담당자들을 상대로 광복군의 편성이 중국의 항일전에 유익하다는 논리를 펴면서 교섭을 전개하였다. 이러한 교섭은 한국 담당자들에게 상당한 공감을 불러 일으켰다. 이들이 장개석에게 광복군 창설을 지원해주도록 요청하였고, 장개석은 중국군사위원회와 협의하여 처리하라는 지시를 내렸다.

그러나 중국 측의 협조는 곧바로 이루어지지 않았다. 중국군사위원회 군정부 쪽에서 이를 적극적으로 진행시키지 않았기 때문이다. 중국군사위원회의 협조가 이루어지지 않자, 백범은 중국 측을 움직일 수 있는 계책을 동원하였다. 계책은 다음과 같다.

나는 중국이 일본과의 항전에 골몰한 이때에 우리를 위한 원조를 바라기 미안하니 미국으로 가서 미국의 원조를 청할 의사인즉 여행권을 달라고

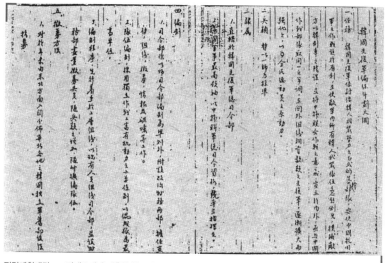

편련계획대강　　장제스에게 제출한 한국광복군 창설 계획서(1940. 5.)

청하였다. 그런즉 중국정부의 서은증 씨가 말하기를 내가 오랫동안 중국
에 있었으니 중국에서 무슨 일을 하나 남김이 좋지 아니하냐, 사업계획서
를 제출하기를 청하므로

이는 백범이 『백범일지』에 써 놓은 내용이다. 백범은 한국 담당자인
서은증을 만나 미국으로 가서 원조를 요청하겠다고 하였다. 진정 미국
으로 가려고 한 것은 아니었다. 미국으로 가서 원조를 요청한다고 하면
중국 측은 이를 말릴 것이고, 대신 중국 측이 원조를 할 것이라는 계산
이 깔린 말이었다. 백범이 의도한 대로 서은증은 중국에서 활동하는 것
이 좋을 것이라며 사업계획서를 제출하라고 하였다.

이에 백범은 광복군 편성에 대한 계획서를 마련하였다. 명칭은 '한국 광복군편련계획대강'이었고, 내용은 1개 사단 규모의 광복군을 편성하여 한중연합군으로 중국군과 함께 연합작전을 전개한다는 것이며, 요구사항은 광복군 편성에 소요되는 비용과 창설 후 광복군의 병기와 경상비를 지원해달라는 것이었다. 이 계획서는 주가화를 통해 장개석에게 보고되었다. 장개석은 광복군이 중국 항전에 참가한다는 전제로 이를 승인하고, 중국군사위원회 군정부에 조속히 실현해 주도록 지시하였다.

그러나 중국군사위원회의 지원은 이루어지지 않았다. 실무부서인 중국군사위원회 군정부에서 이를 실행에 옮기지 않은 것이다. 여기에는 몇 가지 이유가 있었지만, 가장 핵심적인 것은 광복군에 대한 예속문제 때문이었다. 계획서에는 광복군이 한중연합군이라 하여 중국군과 대등한 지위로 되어 있었다. 중국군사위원회 실무자들은 광복군은 중국군과 대등한 지위를 가질 수 없고, 중국군사위원회에 예속되어 지휘와 명령을 받아야 한다는 입장이었다.

중국군사위원회 실무진들이 광복군 예속문제로 인해 실행에 옮기지 않자, 백범은 서은증을 찾아갔다. 백범은 서은증에게 중국군사위원회의 예속의도를 거부하고, 광복군에 대한 독립성과 자주권을 주장하면서 "소련은 이미 레닌시대에 우리나라 공산당에게 2백만 원을 원조해 주었다. 체면관계로 다시 (중국 측에) 원조를 요구하지 않겠다"며, 예속 의도에 대해 강력하게 반발하고 나섰다. 백범은 레닌이 1920년에 한형권韓馨權을 통해 별다른 조건 없이 2백만 루블을 지원해 준 사실을 언급하면서, 중국은 지원해 주는 조건으로 광복군을 예속하려고 하니 더 이상 중

한국광복군 총사령부 성립전례식 기념(가릉빈관에서, 1940. 9. 17.)

국 측에 원조를 요청하지 않겠다고 한 것이다. 당시 임시정부가 중국정
부의 지원에 의해 유지되고 있었다는 사실을 감안하면, 차라리 굶어 죽
을지언정 예속될 수 없다는 것이나 마찬가지였다.

백범은 중국의 지원에 의존하지 않고 독자적으로 광복군을 창설하기
로 하였다. 이렇게 방침을 정한 데는 믿는 구석이 있었다. 미주동포들
의 재정적 지원을 기대한 것이다. 우선 미주동포들이 보내온 자금을 가
지고 광복군을 편성하고, 중국 측의 승인과 원조는 나중에 교섭한다는
생각이었다. 또한 병력을 확보하지 못했지만, 우선 지휘부인 총사령부

를 구성하여 광복군을 창설할 수 있다는 생각도 있었다. 당시 임시정부에는 만주 지역에서 활동하던 독립군 간부들이 있었고, 중국군관학교를 졸업하고 중국군에 복무하고 있는 한인 청년들도 적지 않았다. 이들을 중심으로 총사령부를 구성하여 광복군을 창설하고, 이후 병력을 모집하여 부대 편제를 갖추어 나간다는 계획이었다.

당시 임시정부에는 이청천·이범석·황학수·김학규·이준식·공진원 등 독립군 간부들이 있었다. 이청천은 일본육군사관학교 출신으로 만주에서 한국독립군을 조직하여 대일항전을 전개한 인물이었고, 이범석은 운남강무당 출신으로 청산리전투에서 활약한 인물이었다. 황학수는 대한제국 육군무관학교 출신으로 이청천과 함께 한국독립군에서 활동하였고, 김학규는 신흥무관학교 출신으로 조선혁명군 참모장을 지냈다. 이준식은 운남강무당을 졸업하고 만주에서 정의부 군사위원장을 역임하였고, 공진원은 한국독립군에서 활약하고 낙양군관학교에서 군사훈련을 받았다.

백범은 우선 이들을 중심으로 총사령부를 구성하였다. 총사령 이청천, 참모장 이범석, 고급참모 채원개, 참모 이복원·이준식·김학규, 부관 왕중량·황학수·조성환, 전령장교 고일명· 유해준, 군의 유진동·임의택 등으로 총사령부의 구성을 마쳤다. 그리고 광복군의 향후 발전 계획도 수립하였다. 중국군관학교를 졸업하고 중국군에 복무하고 있는 한인청년들을 소집하고, 군사특파단의 초모활동을 통해 모집한 병력으로 예하 부대를 편제한다는 계획이었다.

총사령부 구성이 완료되고 부대편성에 대한 방침이 결정되자, 백범은

1940년 9월 15일에 '한국광복군선언문'을 발표하여 광복군 창설을 공식적으로 선언하였다. 선언문의 내용은 다음과 같다.

> 대한민국임시정부는 원년(1919년)에 정부가 공포한 군사조직법에 의거하여 중화민국 총통 장개석 원수의 특별 허락으로 중화민국 영토 내에서 광복군을 조직하고, 대한민국 22년(1940년) 9월 17일 한국광복군총사령부를 창립함을 이에 선언한다. 한국광복군은 중화민국 국민과 합작하여 우리 두 나라의 독립을 회복하고자 공동의 적인 일본제국주의자들을 타도하기 위하여 연합군의 일원으로 항전을 계속한다.

이는 1940년 9월 17일에 한국광복군 총사령부를 창립한다는 것을 대내외에 공포한 것이다. '원년에 정부가 공포한 군사조직법'은 앞에서 언급한 임시정부가 1919년 12월 18일에 발표한 '대한민국육군임시군제' 등을 일컫는 것이고, '장개석의 특별 허락으로'라고 한 것은 장개석이 창설계획서에 승인한 것을 말하는 것이다. 그리고 광복군의 성격과 위상은 연합군임을 천명하였다. 공동의 적인 일제를 타도하기 위하여 중국과 합작하여 연합군으로 항전한다는 것이었다.

이 선언은 중국군사위원회 실무자들과 협의 없이 발표되었다. 장개석의 이름을 빌려 일방적으로 광복군 창설을 발표한 것이다. 전격적이라할 수 있는 광복군 창설 선언은 당시 중경의 반일 감정을 이용한 것으로 생각된다. 중국정부가 중경으로 이전한 후 중경은 일본 공군기의 공습을 받고 있었다. 그중에서도 1940년 9월 초에는 대규모의 공습을 받아

방공호에 피해 있던 시민들 수천 명이 떼죽음을 당하였고, 이로 인해 일본에 대한 적개심이 어느 때보다도 고조되고 있었다.

백범은 선언을 통해 천명한 대로 1940년 9월 17일에 광복군을 창설하였다. 광복군 창설은 한국광복군 총사령부 성립전례식을 거행하는 것으로 이루어졌다. 성립전례식은 중경의 가릉강 기슭에 위치한 가릉빈관嘉陵賓館에서 아침 7시에 개최하였다. 가릉빈관은 외국인과 기자들이 묵고 있던 곳으로, 중국 측의 저지나 방해를 염려했기 때문이다. 그리고 아침 이른 시간을 이용한 것은 일본 공군기의 공습을 피하기 위함이었다.

일본과 독일에 선전포고하다

1941년 12월 8일, 일제가 미국의 영토인 하와이의 진주만을 기습 공격하였다. 진주만에는 미국의 해군기지가 있었다. 한반도와 만주, 중국 대륙과 동남아시아 일대를 장악한 일제가 미국의 해군기지를 선제공격하여 미국을 침략한 것이었다. 일제의 선제공격을 받은 미국은 즉각 일본과 전쟁에 돌입하였고, 이로써 미국과 일본 간에 새롭게 전쟁이 일어났다. 미일 간의 전쟁은 태평양을 중심으로 전개되었고, 이를 흔히 태평양전쟁이라 부른다.

태평양전쟁의 발발은 독립운동자들이 바라던 일이었고, 임시정부는 이를 예견하고 있었다. 독립운동자들은 일제가 한반도를 차지한 데 만족하지 않고 계속 세력을 팽창해 나갈 것이며, 그렇게 되면 일본과 중국·소련·미국 사이에 전쟁이 일어날 것이라고 보았다. 이러한 예견하에 독립운동 전략도 민족의 군대인 독립군을 양성하였다가 일제가 중국·미국 등과 전쟁을 벌일 때, 이들과 함께 대일항전을 전개하여 독립을 쟁취한다는 것으로 세워놓고 있었다.

독립운동자들의 예견은 틀리지 않았다. 일제는 1910년에 한반도를 차지한 이래 1931년에 만주를 침략하였고, 1937년에는 중국대륙을 침략하였다. 일제의 세력 팽창은 여기에서 멈추지 않았다. 필리핀·말레이시아·인도네시아·싱가포르 등 동남아시아 일대와 미얀마·인도 지역까지 침략을 확대하였다.

이러한 일제의 세력 팽창은 동아시아에 머물지 않고, 미국으로 향하였다. 임시정부에서는 미일 간에 전쟁이 일어날 것을 예견하고 있었다. 광복군 서안총사령부에서 총사령을 맡고 있던 황학수가 1941년 6월에 「미국의 연해방어와 태평양방어선」이라는 글을 『광복』에 발표한 일이 있었다. 『광복』은 광복군에서 발행하던 잡지였다. 이 글은 미국의 해군과 공군의 군사력과 태평양 연안에 배치된 상황을 각종 통계자료를 통하여 분석한 것이다. 태평양 연안에 배치된 미군의 상황을 보면 미일 간의 충돌은 피할 수 없다고 하였다. 이미 6개월 전에 미일 간에 전쟁이 일어날 것을 내다본 것이었다.

백범은 미일 간에 전쟁이 일어났다는 소식을 듣고, 곧바로 일본에 선전포고를 발표하기로 결정하였다. 임시정부에는 1년 전에 창설한 광복군이 있었다. 일제가 진주만을 기습공격한 지 이틀 후인 12월 10일에 주석 김구와 외무부장 조소앙 명의로 일제에 대해 선전을 포고하는 「대한민국임시정부대일선전성명서」를 발표하였다. 자세한 내용은 다음과 같다.

대한민국임시정부대일선전성명서

1. 한국의 전체 인민은 현재 이미 반침략전선에 참가해오고 있으며, 이제 하나의 전투단위로서 축심국에 전쟁을 선언한다.
2. 1910년 합방조약과 일체의 불평등조약이 무효이며, 아울러 반침략 국가가 한국에서 합리적으로 얻은 기득권이 존중될 것임을 거듭 선포한다.
3. 한국과 중국 및 서태평양에서 왜구를 완전히 구축하기 위하여 최후의 승리를 거둘 때까지 혈전한다.
4. 일본세력 아래 조성된 장춘長春과 남경정권南京政權을 절대로 승인하지 않는다.
5. 루스벨트·처칠 선언의 각항이 한국독립을 실현하는 데 적용되기를 견결히 주장하며, 특히 민주진영의 최후 승리를 미리 축원한다.

이는 일본에 대한 공식적인 선전포고였다. 한국은 이미 반침략전선에 참여해 왔지만, 미일전쟁을 계기로 다시 한번 하나의 전투단위로서 일제와 전쟁에 돌입한다는 것을 대내외에 선언한 것이었다. 일제와의 전쟁은 한국과 중국 및 서태평양에서 왜구를 완전히 몰아낼 때까지, 그리고 일제가 완전히 패망할 때까지 혈전을 전개한다고 하였다.

그리고 국제관계에 대한 것도 밝혀 놓았다. 1910년에 체결된 '합방조약'을 비롯하여 일제와 맺은 불평등조약은 무효임을 선언하고, 일본과 싸우는 연합국이 과거 한국과 합리적으로 맺고 얻은 기득권은 인정한다고 하였다. 그리고 일본이 만주를 침략하여 장춘에 세운 만주국과 중국

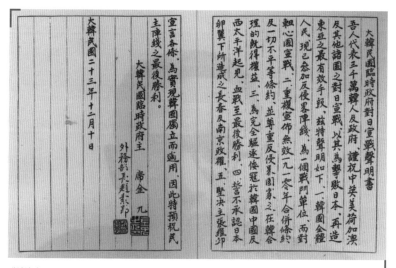

대일선전포고문　일본에 대해 선전포고(1941. 12. 10.)

남경에 세운 왕조명汪兆銘의 친일괴뢰정부를 인정하지 않는다는 사실도 특별히 언급하였다. 중국과 동일한 보조를 취한다는 뜻이었다.

　더불어 루스벨트와 처칠이 합의한 대서양헌장이 한국에도 적용되기를 주장하였다. 대서양헌장은 루스벨트와 처칠이 제2차 세계대전 후 세계인류의 복지와 평화 등에 관한 공통된 원칙을 정한 것으로, 그 가운데 "관계 주민의 자유의사에 의하지 아니하는 영토변경을 인정하지 않는다", "주민이 정체政體를 선택하는 권리를 존중하며 강탈된 주권과 자치가 회복될 것을 희망한다"라는 조항이 있었다. 일본이 패망하면, 이것을 한국에도 그대로 적용해야 한다고 하였다.

　일본에 이어 1945년 2월에는 독일에 대해서도 선전포고를 발표하였다. 독일에 대한 선전포고는 샌프란시스코 회의에 참석할 수 있는 조건을 갖추기 위한 정략적인 의도가 있었다. 미국 샌프란시스코에서 연합국 회의가 개최될 예정이었는데, 이 회의에 참가할 자격은 1945년 3월 1일 이전 독일에 대하여 선전포고를 한 국가에 한정한다는 전제가 있었다.

샌프란시스코 회의는 연합국의 지위를 인정받을 수 있는 기회였다. 임시정부는 이 회의에 참석하기 위해 외무부장 조소앙을 중심으로 온갖 외교적 방법을 모색하고 있었다. 샌프란시스코 회의에 참석할 수 있는 자격을 얻기 위해서는 독일에 대해 선전포고를 발표해야 했다. 백범은 국무회의를 소집하였다. 독일과 직접적인 전쟁을 할 것은 아니었지만 회의 참석을 위해 독일에 대해 선전포고를 하기로 결정하고, 다음과 같은 내용의 「대덕선전포고문」을 결의하였다.

덕일德日 축심국가軸心國家가 인방隣邦의 독립과 자유를 파괴하며 인류의 화평질서를 교란하였다. 태평양전쟁 개전일에 본 정부는 거듭 일본에 선전을 포고하며 또 축심국 과반夥伴의 죄악을 책責하였다. 본 정부는 연합국과의 최후 승리와 원동 및 세계의 화평과 안전을 촉진키 위하여 덕국德國 희특륵希特勒 정부를 향하여 선전을 포고한다.

'덕국'은 독일을, '희특륵'은 히틀러를 일컫는 것이다. 백범은 국무회의에서 결의된 「대덕선전포고문」을 임시의정원에 보내 동의를 요구하였다. 헌법에 정부가 다른 국가에 선전포고를 하려면, 임시의정원에 동의를 얻어야 한다고 명시되어 있기 때문이다. 임시의정원은 임시정부의 요구에 의해 1945년 2월 28일에 제37차 임시회의를 소집하였고, 정부에서 요구한 선전포고안을 가결시켰다. 백범은 1945년 2월 28일에 독일에 대한 선전포고를 발표하였다.

카이로회의에서 독립을 보장받다

카이로선언이 1943년 12월 1일에 발표되었다. 이집트 카이로에서 미·영·중 3국 정상들이 회의를 개최하고, 회의에서 합의한 내용을 발표한 것이 카이로선언이다. 이 선언에 "위의 3대국은 한국인의 노예상태에 유의하여 적절한 시기에 한국을 자유 독립하게 할 것을 결의하였다"는 내용이 들어 있다. 이는 일제가 패망하면 일제의 통치하에 있는 한국은 독립시킨다는 것으로, 한민족의 운명을 결정지은 중요한 선언이었다.

국민들 대다수는 카이로선언에서 한국의 독립을 보장하였다는 사실을 잘 알고 있다. 그렇지만 카이로회의에서 한국의 독립 문제가 결정된 과정에 대해서는 잘 알려져 있지 않다. 아마도 루스벨트 대통령이나 처칠 수상이 한국을 독립시켜 주자고 주장한 것으로 믿는 사람들도 적지 않을 것이다. 결론부터 말하면, 그렇지 않다. 카이로선언은 임시정부와 장개석의 노력이 거둔 성과였다.

임시정부는 장개석이 루스벨트와 만나 회담을 한다는 정보를 입수하였다. 카이로회의는 루스벨트의 제의에 의해 이루어졌다. 루스벨트는 1943년 6월에 장개석에게 회의를 제의하였다. 이후 미국과 중국 사이에 회의 장소·시기·참석 대상 등의 문제를 가지고 협상이 전개되었고, 이

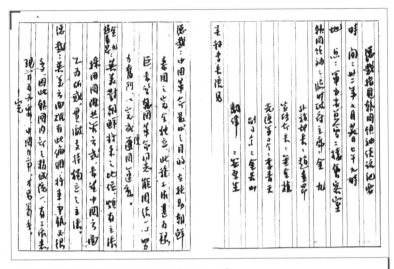

한국의 독립보장을 요청한 장개석과의 면담 기록(1943. 7. 26.)

집트 카이로에서 미·영·중 3국 정상들이 참가하는 회의를 갖기로 결정

되었다. 임시정부는 이러한 정보를 입수하고, 장개석에게 면담을 신청

하였다.

　이에 따라 장개석과의 면담이 성사되었다. 주석 김구, 외무부장 조소

앙, 선전부장 김규식, 광복군 총사령 이청천과 부사령 김원봉이 통역 안

원생을 대동하고, 1943년 7월 26일에 중국군사위원회 2층 접견실을 찾

아가 장개석과 만났다. 당시 장개석의 공식 직함은 군사위원회 위원장

이었다. 중국에서는 중국국민당 조직부장 오철성이 배석하여, 면담 기

록을 남겼다. 면담기록에 의하면 백범을 비롯한 임시정부 요인들은 장

개석에게 "한국의 독립을 지지하고 관철시켜 줄 것"을 요청하였고, 이

에 대해 장개석은 "어려움이 많겠지만 역쟁力爭하겠다"고 하였다.

장개석은 약속을 지켰다. 회의를 준비하는 과정에서부터 한국독립 문제를 주요 사항으로 다룬 것이다. 회의 준비는 군사위원회 참사실과 국방최고위원회 비서청에서 각각 별도로 진행하였다. 이들 두 기관은 회의에서 중국이 제안할 내용의 장단점을 비교해 가며 준비하였는데, 준비안에 모두 '한국의 독립을 승인'하는 문제를 포함시켰다. 장개석도 마찬가지였다. 미국 스탠포드대학에 소장되어 있는 장개석의 일기가 몇 년 전에 공개되었는데, 장개석도 일기에 '한국의 자유 독립' 제안을 주요 사항으로 기록해 놓았다. 중국은 준비 과정에서부터 한국의 독립을 제안한다는 방침을 정한 것이었다.

장개석은 1943년 11월 21일 오전에 가장 먼저 이집트 카이로에 도착하였다. 이어서 오후에 처칠이 도착하였고, 루스벨트는 22일에 도착하였다. 3국 정상이 도착하면서 회의가 열렸다. 공식회의는 23일 오전 11시에 루스벨트·처칠·장개석이 참석한 가운데 개최되었다. 이후 오후부터 군사부문을 비롯하여 각 분야별로 3국의 실무자들이 모여 회담을 가졌다.

11월 23일 저녁 장개석은 부인 송미령宋美齡과 함께 루스벨트 숙소를 찾아가 만찬을 함께 하였다. 만찬에는 장개석·송미령·루스벨트와 그의 보좌관 홉킨스Harry L. Hopkins 등 4명이 참석하였고, 4시간 동안 진행되었다. 이때 장개석은 일제가 패망하면 만주와 대만과 팽호도澎湖島는 중국에 귀환되어야 한다는 것, 그리고 한국을 자유 독립국으로 할 것을 제안하였다.

1. 일본이 차지한 중국의 영토는 중국에 귀환하도록 한다.

2. 태평양상에서 일본이 강점한 도서島嶼들은 영구히 박탈한다.

3. 일본이 패망한 후 조선으로 하여금 자유 독립을 획득하도록 한다.

이는 카이로회의에서 장개석의 비서로 역할한 왕총혜王寵惠가 작성한 「카이로회의 일지」에 들어 있는 것으로, 장개석과 루스벨트가 합의한 내용이라며 기록해 놓은 것이다. 장개석은 만찬을 하면서 루스벨트에게 '한국의 자유 독립'을 제안하였고, 루스벨트는 이에 동의하였다. 장개석은 임시정부 요인들과의 약속을 지켰다.

만찬이 끝난 후, 루스벨트는 홉킨스에게 장개석과 합의한 내용을 초안으로 작성토록 지시하였다. 홉킨스는 백악관 문서기록관인 코넬리우스Albert M. Cornelius를 불러서 자신이 구술하는 내용을 타자기로 받아 적으라고 하였다. 홉킨스는 타이핑한 내용을 검토하고 자신이 일부 수정하여 다시 타이핑하도록 하였다. 그리고 루스벨트에게 보여주고 수정을 받았다. 이렇게 하여 카이로선언의 초안이 작성되었다.

중국 측에 초안이 전달된 것은 다음 날인 24일이었다. 홉킨스가 오후 4시에 초안을 가지고 와서 송미령과 국방최고위원회 비서장 왕총혜에게 건넸다. 왕총혜는 이를 번역하여 장개석에게 보고하였고, 장개석은 팽호도가 소립원도小笠原島로 잘못 표기되었다는 것을 지적하고, 나머지에 대해서는 제안한 내용이 모두 들어갔다며 만족해하였다.

영국 측에는 25일에 초안이 전달되었다. 영국외상 이든Anthony Eden과 차관 카도간Alexander Cadogan이 11월 24일에 도착했기 때문이다. 그러나 영국은 초안에 대해 불만이 많았다. 초안이 중국 측에 먼저 전달되었다는 것과 내용도 중국에 주는 선물이 너무 크다는 이유였다. '일본이 점령한 태평양 도서들을 박탈한다'는 조항은 인도를 비롯하여 남양군도에 많은 섬을 점유하고 있는 영국으로서는 받아들이기 어려웠다. 이에 그 내용을 '1914년 제1차 세계대전 이후에 점령했거나 차지한 것'으로 수정하였다. 이와 더불어 영국이 불만을 가진 또 하나는 '한국을 자유 독립국가로 되게 한다'는 내용이었다.

11월 26일, 3국의 실무자들이 모였다. 실무자는 왕총혜·카도간·주소 미국대사 해리맨Harryman이었다. 이때 한국의 독립 문제를 둘러싸고 논란이 일어났다. 영국이 '한국을 자유 독립국가로 되게 한다'는 내용 대신에 '일본의 통치에서 벗어나게 한다'는 것으로 고치자고 한 것이다. 한국의 독립을 보장하게 될 경우, 식민지 인도에 대한 문제가 걸려 있었기 때문이다.

영국의 수정 제의에 대해 왕총혜가 강력히 반대하고 나섰다. 왕총혜는 "한국은 일본의 침략으로 병탄되었고, 일본의 대륙 정책은 한국을 병탄함으로부터 비롯된 것이다. 단지 일본의 통치에서 벗어나게 한다는 것은 말도 되지 않는다"라며 강력하게 반대하였다. 이에 영국도 물러서지 않았다. 카도간은 "영국은 내각에서 한국독립에 대해 토론한 일이 없다", "소련과 한국독립 문제에 대한 태도와 반감에 대해 의견을 나눈 바 없다"라는 이유를 들면서, 그렇다면 "한국독립에 관한 것을 모두 빼버리자"고 주장하였다. 일본의 통치에서 벗어나게 한다는 수정안을 받아들일 수 없다면, 초안에서 한국독립 문제를 아예 빼버리자고 한 것이다.

한국독립 문제를 두고 중국과 영국 사이에 파란이 일어났다. 이를 수습한 것은 해리만이었다. 해리만은 "루스벨트 대통령의 의견으로 볼 때 한국독립 문제에 대해 소련은 아무런 관계가 없고, 특별히 소련과 협의할 필요도 없다"고 발언한 것이다. 이는 11월 23일 만찬에서 장개석과 루스벨트의 합의를 근거로 한 것이었다. 미국 측이 중국의 의견에 동조하면서, 초안에 있는 그대로 하기로 결정되었다.

3인의 실무자들은 협의를 마친 후, 3국 영수들이 회담하는 곳으로 갔다. 당시 3국 정상들은 세 번째 만남을 갖고 있었다. 회의장에는 루스벨트·처칠·장개석·송미령이 참석해 있었고, 3인의 실무자들은 이들 앞에서 초안을 낭독하였다. 한국독립 문제에 이르렀을 때, 루스벨트는 "이 문제에 대해 소련의 의견을 헤아릴 것이 없다"고 하였고, 3국 영수는 모두 찬성한다고 하였다. 이로써 한국독립 문제가 카이로선언에 포함 되었고, 3국 영수들의 찬성으로 카이로선언이 채택되었다.

카이로선언에 대해서는 잘못 알려진 것이 많다. 그동안 미국 측 자료만을 가지고 연구하였기 때문이다. 카이로회의에는 미국 외에도 중국과 영국도 참석하였다. 카이로회의의 과정이나 카이로선언이 채택되고 발표되는 과정을 이해하기 위해서는 미국 측 자료만이 아니라, 중국과 영국 측의 자료도 보아야 한다. 카이로선언에서 한국의 독립을 보장한 것은 백범을 비롯한 임시정부 요인들이 장개석을 통해 이루어낸 성과였다.

좌우연합정부를 구성하다

백범은 주석으로 활동하는 동안 좌우익 독립운동 세력의 통일을 이루어 냈고, 임시정부를 좌우연합정부로 구성하였다. 그동안 독립운동 전선에서 주요한 과제로 대두되었던 문제가 있었다. 좌익과 우익으로 나뉘어 각기 독자적인 세력을 유지하며 분산적으로 활동하고 있던 좌우익 독립운동 세력을 통일하는 문제였다. 이를 위해 1920년대 이래 민족유일당운동, 한국대일전선통일동맹, 단일당운동, 7당통일회의 등 다양한 방법으로 통일운동이 전개되었지만, 모두 결렬되었다. 그러다가 1940년대에 들어서 중경에서 좌우익 독립운동 세력이 임시정부를 중심으로 통일을 이루었고, 좌우연합정부를 구성하게 되었다.

1940년을 전후하여 중국 관내 독립운동 세력은 크게 좌우익으로 나뉘어져 있었다. 대한민국임시정부를 중심으로 한 우익세력과 조선민족혁명당을 비롯하여 조선민족해방동맹·조선혁명자연맹 등이 좌익세력을 형성하고 있었다. 좌익세력은 임시정부와 관계없이 독자적으로 활동하고 있었는데, 이들이 중경에서 임시정부로 합류하면서 통일을 이루게 되었다.

좌익세력이 임시정부로 합류하게 된 데에는 몇 가지 요인이 있었다. 첫째는 임시정부가 중경에 정착한 후 당·정·군의 체제를 갖추고 적극적으로 독립운동을 추진하기 시작한 것이었다. 앞서 언급했듯이, 우익계열 3당이 통합하여 한국독립당을 창당하고, 김구 주석을 중심으로 하는 단일지도체제 확립과 무장세력으로 한국광복군을 창설하면서 임시정부의 세력기반이 확대됨과 동시에 당·정·군의 조직과 체제를 갖춘 것이다.

둘째는 태평양전쟁 발발이라는 국제정세의 변화였다. 미국과 일본 사이에 일어난 태평양전쟁은 독립운동자들에게 독립을 위한 좋은 기회로 인식되었고, 이러한 기회를 이용하여 적극적인 대일항전을 전개해야 한다는 분위기가 고조되고 있었다. 이에 따라 민족의 독립운동 역량을 한곳으로 집중하는 문제가 대두되었다.

독립운동 역량을 한곳으로 집중할 필요성이 대두되면서, 임시정부로 통일을 이루자는 움직임이 일어났다. 태평양전쟁이 발발한 직후 김성숙金星淑이 주도하는 조선민족해방동맹이 '옹호한국임시정부선언'을 통해 임시정부로 통일할 것을 제기하였다. 이어 조선민족혁명당도 제6차 전당대표대회를 통해 "금일의 국제정세가 여러 민주국이 파시즘 집단과 혈전을 전개하고 있음과 임시정부의 국제적 승인 가능성이 있다"고 하면서, 임시정부에 참여할 것을 공식적으로 발표하였다.

좌익세력이 임시정부 참여를 주장하면서, 임시정부는 이들의 참여 절차와 방법을 강구하였다. 이 문제는 국무회의에서 논의되었다. 먼저 좌익 진영의 무장 조직인 조선의용대를 한국광복군에 합편시킨다는 방침을 결정하였다. 그리고 이를 위한 조처를 마련하였다. 광복군에 부사령직을 증설하고, 조선의용대 대장 김원봉을 부사령으로 선임하였다. 조선의용대는 1942년 7월에 '광복군 동지와 정성단결하여 진정한 일심일체가 되도록 노력할 것'과 '광복군을 확대 발전시키기에 노력할 것'을 선언하고, 광복군 제1지대로 개편하였다.

군사통일에 이어 정치통일도 이루었다. 정치통일은 좌익 진영 인사들이 임시의정원에 참여하는 형식으로 이루어졌다. 임시의정원은 의원으로 구성되었다. 의원은 각 도 단위로 인구 30만 명에 1인씩 선출하도록 되어 있었고, 의원 수는 모두 57명이었다. 그러나 중경에 정착할 당시 의정원 의원은 모두 23명이었고, 이들은 모두 한국독립당 인사들이었다. 한국독립당만으로 구성된 임시의정원에 좌익 진영의 인사들을 의원으로 선출하여 참여하도록 한 것이었다.

임시정부는 1942년 8월에 의정원의원 선거규정을 개정하여 좌익 진영 인사들이 의정원 의원으로 선출될 수 있는 기반을 마련하였다. 그리고 10월에는 개정한 선거규정에 의해 기존 23명 이외에 새로이 23명의 의원을 선출하였다. 새로 선출한 23명은 한국독립당 7명, 조선민족혁명당 12명, 조선민족해방동맹과 조선혁명자연맹이 각각 2명씩이었다. 23명 중 16명이 좌익 진영의 인사였다.

좌익 진영의 인사들이 의원에 선출되면서, 좌우익 세력이 임시의정원으로 통일을 이루게 되었다. 임시의정원의 조직이나 운영에도 커다란 변화가 일어났다. 의정원법에 규정된 의원은 57명이었지만, 결원이 많아 대체로 30명을 넘지 못하고 있었다. 그러나 새로 23명이 선출되면서 의원 수가 46명이 되었고, 임시의정원이 1919년에 성립된 이래 가장 많은 인원이었다. 또 그동안 한국독립당 일당체제로 운영되던 의정원이 다당체제로 바뀌면서 여당과 야당이 생겨나게 되었다.

광복군과 의정원에 이어 정부 조직에도 좌익 진영의 인사들이 참여하여, 좌우연합정부를 구성하였다. 좌우연합정부를 구성하자는 논의는

좌우익 세력이 통일을 이루고 개최한 제34차 임시의정원 회의(1942. 10. 25.)

1942년 10월에 '통일의회'가 개최되면서 일어났다. 조선민족혁명당을 비롯한 좌익 진영의 의원들이 "임시정부는 각 당파 각 개인의 우수한 인물을 망라시킨 각 당파 연합정부가 되어야 한다"며 좌우연합정부 구성을 주장한 것이었다.

좌우연합정부를 구성하기 위해서는 거쳐야 할 절차가 있었다. 헌법을 개정할 필요가 있었던 것이다. 정기의회가 1942년에 끝나면서, 헌법 개정을 위한 약헌수개위원회를 구성하였다. 약헌수개위원회가 헌법개정안을 마련하는 작업에 들어갔지만, 헌법개정안은 쉽게 마련되지 못했

좌우연합정부 수립과 백범의 주석 연임 보도 기사(『大公報』 1944. 4. 26.)

다. 여당과 야당의 위원들 사이에 의정원 의원 선출 문제를 비롯하여 국무위원의 숫자와 선출방법 등 정치적 문제를 가지고 논란이 일어났기 때문이다.

이로 인해 헌법개정안을 마련하는 데 1년이 넘게 걸렸다. 이 과정에서 여야 간의 첨예한 대립과 갈등이 있었고, 1943년에 열린 정기의회는 파국을 맞기도 하였다. 우여곡절을 겪었지만, 타협을 이루었다. '국무위원을 14명으로 증원하고, 주석과 부주석을 두며, 국무위원의 비례는 한국독립당 8석·조선민족혁명당 4석·조선민족해방동맹과 조선혁명자연맹 각 1석으로 하고, 주석은 한국독립당이 부주석은 조선민족혁명당에서 맡는다'는 것을 주요 골자로 합의를 이룬 것이다.

헌법개정안이 마련되면서, 1944년 4월 20일에 제36차 임시의회를 열었다. 의회에서 헌법개정안을 통과시키고, 이에 따라 정부를 구성하기 위해서였다. 개정된 헌법의 명칭은 '대한민국임시헌장'이었고, 이는 4월 21일 회의에서 통과되었다. 그리고 4월 24일 회의에서 이미 여야 간에 합의된 대로 주석과 부주석을 비롯하여 국무위원 11인을 선출하고, 다음과 같이 정부를 조직하였다.

- 주　석: 김구
- 부주석: 김규식
- 국무위원: 이시영, 조성환, 황학수, 조완구, 차리석, 박찬익, 조소앙,
　　　　　안훈, 장건상, 김붕준, 성주식, 유림, 김원봉, 김성숙
- 외무부장: 조소앙　　　• 내무부장: 신익희　　　• 군무부장: 김원봉
- 재무부장: 조완구　　　• 법무부장: 최동오　　　• 선전부장: 엄항섭
- 문화부장: 최석순

　주석 김구는 한국독립당, 부주석 김규식은 조선민족혁명당 소속이었다. 국무위원 14명도 한국독립당 8명, 조선민족혁명당 4명, 조선민족해방동맹 1명, 조선혁명자연맹 1명으로 배분되었다. 그리고 7개의 행정부서 중 조선민족혁명당의 김원봉과 최석순이 각각 군무부장과 문화부장을 맡았다. 이로써 좌우익 세력이 공동으로 참여한 좌우연합정부가 구성되었다.

　백범은 1940년에 주석으로 선임된 이래, 1944년에 조직된 좌우연합정부에서도 주석으로 선출되면서, 임시정부를 이끄는 대표적 지도자가

되었다. 대표적 지도자로서의 위상을 갖게 된 것도 중요한 의미가 있지만, 더 큰 의미는 정치적 이념과 목표, 독립운동의 방법과 노선을 달리하고 있던 좌우익 독립운동 세력을 임시정부로 통일시켰다는 점이다. 또 민족의 통일 단결된 모습으로 해방을 맞게 되었다는 점도 민족사에서 중요한 의미가 있다. 이와 더불어 기억해두어야 할 것이 있다. 백범은 좌우익 세력의 통일을 이루고, 좌우연합정부를 구성한 경험을 갖고 있는 지도자라는 점이다.

국내진입작전을 추진하다

백범은 주석으로서 수행해야 할 과제를 안고 있었다. 대한민국 임시정부를 운영하고 관리하는 행정수반으로서의 역할과 민족의 역량을 결집하여 대일항전을 총괄 지휘하여야 하는 임무가 그에게 주어진 과제였다. 백범은 행정수반으로 역할하면서, 부여된 임무를 수행하였다. 국내진입작전을 구상하고, 이를 추진한 것이다.

백범이 주석으로 선출되었을 때, 국제정세는 급변하고 있었다. 1937년에 발발한 중일전쟁은 중국 대륙 전체로 확산되었고, 1939년에는 유럽에서 제2차 세계대전이 일어났다. 이어 1941년 12월에는 일본이 미국의 영토인 하와이의 진주만을 기습 공격하면서 미일 간에 태평양전쟁이 발발하였다. 백범은 이러한 국제정세 변화에 조응하며 한편으로는 광복군을 확대하고 발전시켜 가면서, 다른 한편으로는 국내로 진입하기 위한 작전을 구상하고 있었다.

국내진입작전은 크게 세 방안으로 구상하였다. 하나는 미국의 OSSOffice of Strategic Services와 공동작전으로 국내에 진입하려는 계획이었다. OSS는 태평양전쟁 때 설립된 미국의 전략첩보기구였고, 2차 세계대전이 끝난 후에는 CIA로 바뀌었다. 당시에는 운남성 곤명에 본부를 두고 중국 각지에서 활동하고 있었다. 광복군은 이러한 OSS와 군사합작을 맺고 국내진입작전을 계획하였다.

광복군과 OSS가 군사합작을 맺게 된 것은 양측의 이해관계가 작용했기 때문이다. 광복군 측에서는 연합군과 함께 대일항전에 참전하고자 하였고, OSS 측에서는 한반도에 대한 작전을 수행하는 데 있어 광복군을 활용하려는 생각을 갖고 있었다. 이러한 이해관계를 가진 광복군과 OSS의 실무자들이 만났다. 양측은 광복군 대원들에게 OSS훈련을 실시하고, 이들을 국내로 진입시켜 적후방 공작을 전개한다는 데 합의를 이루었다. 이는 독수리작전Eagle Project이라는 이름으로 계획되었다.

이청천·이범석·김학규 등 광복군 간부들이 1945년 4월 3일에 OSS 장교 싸전트Clyde B. Sargent와 함께 백범을 찾아왔다. 이들은 국군통수권자인 백범에게 독수리작전에 대해 보고하였고, 백범은 이에 대해 최종적으로 승인을 했다. 백범의 승인을 얻으면서, 독수리작전은 추진되었다.

독수리작전은 먼저 광복군 대원들에 대한 OSS훈련을 실시하는 것으로 추진되었다. OSS훈련은 1945년 5월부터 서안에 있던 광복군 제2지대와 안휘성 부양에 있던 제3지대에서 각각 실시되었고, 훈련기간은 3개월이었다. 훈련을 위한 시설과 장비는 물론이고, 훈련내용과 과정 등은 모두 미국 측에서 마련하였다. 광복군 대원들은 3개월에 걸쳐 미국인

교관들이 실시하는 특수훈련을 받았고, 제1기생 훈련이 8월 4일에 완료되었다.

백범은 광복군 대원들의 훈련이 완료되었다는 보고를 받고, 곧바로 총사령 이청천 등을 대동하고 서안으로 갔다. OSS 측에서도 총책임자인 도노반William B. Donovan 소장을 비롯한 간부들이 서안에 도착하였다. 백범과 도노반을 중심으로 하는 한미 양측의 인사들이 제2지대 본부에서 만나 8월 7일에 회담을 가졌다. 백범은 OSS 측과 훈련이 완료된 광복군 대원들을 국내에 진입시키는 문제를 협의하였다. 백범은 회담의 상황을 다음과 같이 기록해 놓았다.

3개월의 훈련을 마치고 조선으로 밀파하여 파괴 정탐 등 공작을 개시할 준비를 마쳤을 때 미국 작전부장 도노반 장군과 항적공작을 협의하기 위해 미국 비행기를 타고 서안으로 가서 정중한 회담을 하였다. ……
제2지대 본부 사무실 정면 오른쪽 태극기 밑에는 내가 앉고, 왼쪽 성조기 밑에 도노반이 앉고, 도노반 옆에는 미국 훈련관들이 앉았고, 내 옆에는 제2지대 간부들이 앉은 후, 도노반 장군으로부터 정중한 선언 발표가 있었다. "금일 금시로부터 아메리카합중국과 대한민국임시정부와의 적 일본에 항거하는 비밀공작이 시작되었다" 도노반과 내가 정문으로 나올 때 활동사진반들이 사진 촬영하는 것으로 의식을 마쳤다.

백범과 도노반의 회담은 양국의 태극기를 걸어놓고 진행한 공식적인 회담이었다. 그리고 도노반의 "아메리카합중국과 대한민국임시정부와

OSS의 도노반 소장과 국내진입작전 회의를 마치고(1945. 8. 7.)
(뒤) 왼쪽부터 선전부장 엄항섭, 광복군 총사령 이청천, 제2지대장 이범석이다.

의 적 일본에 항거하는 비밀공작이 시작되었다"는 선언처럼, OSS훈련
을 받은 광복군 대원들을 국내에 진입시키는 작전은 한국과 미국 간에
공동작전으로 추진된 것이었다.

회담에서는 국내진입작전에 대한 방법과 활동 계획이 마련되었다. 국내에 진입하는 방법은 산동에서 미국 잠수함을 이용한다는 것이었고, 국내에 진입한 대원들은 미국 비행기로 운반한 무기를 가지고 국내의 요소를 점령한다는 계획이었다. 이와 함께 OSS 측에서 광복군 대원들의 국내진입작전에 필요한 전반적인 사항을 마련하였다. 그러나 광복군 대원들이 국내진입 명령을 기다리던 중에 일제가 항복한다는 소식이 전해졌다. 이로써 국내진입작전은 실행 직전에 중단되고 말았다.

백범은 OSS와 공동으로 국내진입작전을 추진하는 한편, 연안에서 활동하고 있던 조선의용군과 연계하여 국내로 진입하려는 계획을 추진하였다. 연안은 중국공산당이 활동하던 지역으로, 이곳에는 조선독립동맹과 그 무장세력인 조선의용군이 활동하고 있었다. 백범은 이들과 함께 국내로 진입한다는 구상을 갖고, 이들과의 연계를 추진하였다.

백범은 1944년 3월에 김두봉金枓奉에게 편지를 보냈다. 김두봉은 연안에 근거를 둔 조선독립동맹의 위원장이었다. 편지를 통해 김두봉에게 압록강에서 양측의 군대를 합류시키자는 제안을 하였다. 양측의 군대는 임시정부의 광복군과 조선독립동맹의 조선의용군을 일컫는 것이었다. 백범은 두 무장세력을 압록강에서 합류시켜 국내로 진입하자고 하였다. 그리고 이를 협의하기 위해 자신이 직접 연안에 가겠다고 하였다.

그러나 백범은 직접 연안에 가지 못하였다. 그렇지만 서신을 통해 김두봉과 계속 연락을 주고받았다. 서신 연락은 독립동맹의 간부인 김학무金學武가 중경과 연안을 오가며 담당하였다. 백범의 제안에 대해 독립동맹 측도 찬성하였다. "내외에 있는 일체 혁명역량을 모두 완전히 통일하고 단결하여 대규모의 항일투쟁을 전개하게 되기를 바란다"며, 대규모의 항일투쟁에 대한 희망을 표시하였다.

백범은 대리인을 보내 독립동맹 측과 구체적인 문제를 협의하고자 하였다. 이를 위해 1945년 4월에 국무위원 장건상張建相을 연안으로 보냈다. 장건상은 연안에 도착하여 김두봉을 비롯한 독립동맹과 조선의용군의 간부들을 만났다. 독립동맹 측은 백범의 제의에 찬성하고, 중경으로 가서 백범과 직접 협의하겠다고 하였다. 그러나 이들이 중경에 도착하기 전에 일제의 패망 소식이 전해졌다.

OSS 및 조선의용군과 국내진입작전을 추진한 것 외에, 백범은 또 다른 방법으로 국내진입작전을 구상하고 있었다. 제주도를 통해 국내로 진입한다는 구상이었다. 1945년 7월 25일에 작성된 중국의 문건에 백범이 미국의 중국전구사령관인 웨드마이어Albert Wedmeyer 장군에게 편지를 보낸 사실이 들어 있다. 편지의 내용은 백범이 웨드마이어에게 "미군이 제주도를 해방시켜 주면 임시정부가 즉각 미군의 협조하에 제주도로 들어가 전 한국인을 영도하여 미군의 작전을 돕겠다"고 제의하면서, 이를 미국정부에 전달해 줄 것을 요청하였다는 것이다.

백범이 웨드마이어에게 보낸 편지는 전해지고 있지 않다. 그렇지만 이러한 제안을 한 것은 사실로 보인다. 백범은 두 차례 웨드마이어를 방문한 일이 있다. 외무부장 조소앙과 함께 1945년 4월 17일에 중국전구사령부를 방문하여 '미군당국에 요청하는 군사원조에 대한 안건'을 제출하였고, 5월 1일에도 재차 중국전구사령부를 찾아가 참모장 그로쓰Mervin E. Gross와 접견하고 영문 편지를 웨드마이어에게 전달해 줄 것을 요청하였다.

제주도는 태평양전쟁에서 주요한 전략의 요충지가 된다는 사실을 유념할 필요가 있다. 미국이 일본과 전쟁하면서 일본의 숨통을 조일 수 있는 곳이 바로 제주도였다. 미군은 남양군도와 필리핀에 있는 일본군과 전쟁을 벌이면서, 비행기를 통해 일본 본토를 공격하였다. 미국 비행기는 괌이나 필리핀에서 출격하였는데, 거리가 멀어 폭탄을 한번 떨어뜨리면 곧바로 돌아가야 했다. 만일 미국이 제주도를 점령하고, 제주도를 거점으로 일본을 공격하면, 일본 전역을 대상으로 훨씬 효과적인 전투를 수행할 수 있었다.

그렇지만 미국은 1944년 10월에 필리핀을 점령한 후, 1945년 4월에 오키나와를 공격하였다. 미군이 오키나와를 공격하자, 일본은 제주도에 병력을 대폭 증강시켰다. 1945년 2월까지만 해도 천여 명에 불과하던 제주도에 8월에 이르면 6만 명에 달하는 병력을 배치한 것이다. 이는 제주도가 전략적 요충지임을 말해주는 반증이라 할 수 있다.

백범이 미국에 제주도 점령을 제의한 것에 대해 깊게 생각할 필요가 있다. 백범은 미국이 오키나와를 공격하자, 제주도가 더 중요한 곳이라고 하며, 이를 미국 측에 제안한 것으로 보인다. 그렇다면 백범은 미국도 생각하지 못했던 제주도에 대한 전략적 가치를 파악하고 있었다는 말이다. 제주도는 일본 본토를 공격하기 위한 기지이자 한반도로 진입할 수 있는 거점이었고, 백범은 이러한 제주도를 통해 국내에 진입하려는 생각을 갖고 있었던 것이다.

자주독립국가 건설과 통일운동

서안에서 일제의 항복 소식을 듣다

백범은 1945년 8월 10일, 섬서성 서안에서 일제가 항복한다는 소식을 들었다. 서안이라고 하면, 중국의 대표적인 역사 고도, 당나라의 수도, 양귀비 등을 떠올리지만, 한국의 독립운동과 관련해서는 특별한 의미를 갖는 곳이다. 당시 서안은 화북 지역을 점령하고 있던 일본군과 최전선을 이루고 있던 곳이었고, 광복군 제2지대가 본부를 두고 활동하던 곳이었다. 백범이 임시정부 주석이자 독립운동의 지도자로 최전방인 서안에서 해방을 맞았다는 것을 유념할 필요가 있다.

백범이 서안에 간 것은 미국 OSS와 광복군 대원들의 국내진입작전을 협의하기 위해서였다. 앞에서 언급했듯이, 1945년 8월 7일에 OSS 총책임자인 도노반 소장과 서안에서 만나 훈련을 마친 광복군 대원들을 국내로 진입시킨다는 작전에 최종적으로 합의하였다. 그리고 다음 날은 종남산에 있는 OSS훈련장에 가서 광복군 대원들의 시범을 참관하고, 제2지대 본부에서 광복군 대원들과 함께 잤다. 그리고 8월 9일에 서안 시내로 들어와 교포 김종만의 집에서 묵고, 다음 날에 섬서성 주석 축소주祝紹周의 초대를 받아 저녁식사를 함께 하였다. 이때 일제가 항복한다는 소식을 들은 것이다.

일반적으로 일제가 항복한 것은 8월 15일이라고 알고 있지만, 일제의 항복이 알려진 것은 8월 10일이었다. 일제는 8월 6일과 8월 9일 두 차례에 걸쳐 히로시마와 나가사키에 원자폭탄을 맞은 후, 8월 10일에 일본에 주재하고 있던 스위스 대사를 통해 제네바에 있는 국제연맹 본부에 포츠담선언을 수락하겠다는 뜻을 알렸다. 이는 곧바로 연합국에 통보되었고, 중국에도 전달되었다. 장개석의 일기에 의하면 장개석은 8월 10일 저녁 7시 57분에 보고를 받았다. 그리고 저녁 8시, 중국은 라디오 뉴스를 통해 이를 알렸다.

일제가 항복하는 데는 절차가 있었다. 먼저 8월 10일에 국제연맹 본부에 항복한다는 뜻을 통보하였고, 8월 15일에는 일본 천황이 직접 항복을 선언하였다. 천황의 항복선언은 이날 12시에 라디오를 통해 "짐은 제국정부로 하여금 미·영·중·소 4개국에 그 공동선언을 수락한다는 뜻을 통고하도록 하였다"는 내용으로 발표되었다. 공동선언은 일제의 무조건항복을 요구한 포츠담선언을 말하는 것이다.

천황이 항복을 선언한 후에는 항복문서에 서명하는 절차가 남아 있었다. 이는 9월 2일에 이루어졌다. 태평양연합군총사령관 맥아더가 미주리함을 이끌고 동경만으로 가서, 일본 외무대신과 군최고책임자들을 함상으로 불러내 항복문서에 서명을 받았다. 한국은 이로부터 일주일 후인 9월 9일에 하지John R. Hodge 중장이 이끄는 미군이 들어와 조선총독부에서 총독과 군책임자들로부터 항복서명을 받았다.

백범은 8월 10일 저녁에 저녁 식사를 마치고 후식을 들고 있을 때, 축소주가 중경에서 걸려온 전화를 받고 "왜적이 항복한답니다"라며, 일제가 항복한다는 소식을 전하였다. 백범은 일제의 항복 소식을 듣고 다음과 같은 기록을 남겼다.

나는 이 소식을 들을 때 희소식이라기보다 하늘이 무너지고 땅이 갈라지는 느낌이었다. 몇 년을 애써서 참전을 준비했다. 산동반도에 미국의 잠수함을 배치하여 서안훈련소와 부양훈련소에서 훈련을 받은 청년들을 조직적 계획적으로 각종 비밀무기와 무전기를 휴대시켜 본국으로 침투케 할 계획이었다. 국내 요소에서 각종 공작을 개시하여 인심을 선동하며, 무전으로 통지하여 비행기로 무기를 운반해서 사용하기로 미국 육군성과 긴밀한 합작을 이루었는데 한번도 실시하지 못하고 왜적이 항복한 것이다. 이제껏 해온 노력이 아깝고 앞일이 걱정이었다.

이는 『백범일지』에 서술된 것으로, 일제가 항복한다는 소식을 듣고, 백범이 이에 대한 감회를 적어 놓은 것이다. 백범에게 일제의 항복 소식은 안타깝고 아쉽기 그지없었다. 온갖 어려움을 견뎌가며 광복군을 창설하고, 광복군 대원들을 훈련시켜 국내진입작전을 실행하려는 순간 일제가 항복하였기 때문이다. 그리고 앞으로 한국 문제가 어떻게 진행될지가 더 큰 걱정이었다.

일제의 항복 소식을 접한 후, 백범이 가장 먼저 한 일이 있었다. 연합국 원수들에게 축하 전문을 발송한 것이다. 백범은 일제의 항복 소식을 듣고 곧바로 미국 대통령 트루먼을 비롯한 연합국 원수들에게 승전을 축하하는 전문을 보냈다. 백범이 연합국에 축하 전문을 보낸 것은 중국 신문에 8월 12일자로 보도되었다. 장개석에게도 승전을 축하하는 전문을 보냈는데, 그 내용은 다음과 같다.

9년에 걸친 중국의 피 흘리는 투쟁이 마침내 승리로 마감되었습니다. 이제 동아의 항구적인 평화가 튼튼한 기초를 갖게 되었습니다. 중국 항전의 승리로 한국의 독립 해방도 이제 곧 실현될 것입니다. 삼가 3천 만 한국인민을 대표하여 충심으로 감사의 뜻을 표하는 바입니다. 그러나 광복 이후에도 한국이 헤쳐 나가야 할 길은 너무나 험난합니다. 앞으로도 더욱 많은 지지와 동정 부탁드립니다.

연합국 원수들에게 축전을 보낸 것과 더불어 백범이 한 일이 또 하나 있었다. 광복군을 국내로 파견한 일이다. 백범은 일제의 항복 소식을 듣고 곧바로 광복군 제2지대가 있는 두곡杜曲으로 갔다. 두곡은 서안시내에서 약 20Km 정도 거리였고, 그곳에는 광복군 총사령 이청천과 제2지대장 이범석을 비롯한 광복군 간부들과 미국 측의 OSS훈련 담당자들이 있었다.

백범이 두곡으로 간 것은 이들과 광복군의 향후 활동을 협의하기 위해서였다. OSS와 실행하기로 합의한 국내진입작전을 어떻게 할 것인가 하는 문제를 협의하고자 하였다. 이청천과 이범석 등 광복군 간부들의 의견도 백범과 다르지 않았다. 어떠한 방법을 통해서라도 광복군 대원들을 국내로 진입시키고자 하였고, 광복군 내부에서는 OSS훈련을 받은 대원들을 '정진대'로 편성하여 가급적 신속하게 국내로 진입시키자는 것으로 결정이 났다. 하지만 OSS 측이 이에 대해 어떻게 반응할 것인지가 문제였다.

OSS와의 협의는 이범석이 맡았다. 이범석은 제2지대장으로 싸전트와 함께 서안에서 OSS훈련을 주도하고 있었다. 이범석은 싸전트에게 광복군을 시급히 국내에 진입시켜야 한다는 것을 설득하였고, 싸전트는 이에 동의하였다. 싸전트는 운남성 곤명에 있는 OSS본부에 이를 보고하여 승낙을 얻었다. OSS 측에서도 일제가 항복하였지만, 한반도에 대한 정보보고를 위해 작전을 그대로 수행하고자 한 것이다.

광복군을 국내로 진입시키려는 한국 측의 의도와 한반도에 대한 정보활동이 필요하다고 여긴 OSS 측의 이해관계에 따라 국내진입작전을 그대로 수행하기로 하였다. 애초에 계획된 국내진입작전은 산동반도에서 잠수함을 통해 진입하는 것이었지만, 비행기를 동원하는 것으로 변경되었다. 그러나 비행기로 진입하는 데는 문제가 있었다. 비행기의 특성상 탑승 인원이 제한될 수밖에 없었던 것이다.

광복군과 OSS 측에서는 국내로 진입시킬 인원을 조정하여 선발하였다. 광복군 측에서는 7명을 선발하였지만, 비행기의 적재무게 한계로 인해 이범석·김준엽·장준하·노능서 4명이 선정되었다. 그리고 OSS 측에서는 책임자인 버드Willis Bird 대령과 통역으로 한국인 미 공군장교 정운수鄭雲樹를 포함하여 18명을 선발하였다. 이로써 모두 22명으로 구성된 '정진대'가 구성되었다.

이들이 국내로 진입한 과정은 OSS 측이 작성한 보고서에 소상하게 나타나 있다. 광복군 대원들이 OSS요원들과 함께 국내로 향한 것은 8월 16일이었다. 이날 새벽 4시 30분, 이들은 비행기를 타고 서안을 출발하였다. 비행기가 산동반도에 이르렀을 때, 미군 항공모함이 일본 전투기로부터 공격을 받고 있고, 여러 지역에서 전투가 벌어지고 있다는 소식이 전보로 전해졌다. 일왕의 항복 선언이 발표되었지만, 각 지역에 있던 일본군은 그대로 항전을 계속하고 있었다. 전보를 받은 버드 대령은 돌아갈 것을 명령하였다. 이들은 비행기를 돌려 다시 서안으로 돌아왔다.

이들은 8월 18일에 다시 국내로의 진입을 시도하였다. 돌아온 비행기는 수리하던 중 날개에 고장이 나서 중경에서 C-47이란 비행기를 가져왔다. 새벽 5시 50분, 이들은 C-47 비행기로 서안을 출발하여 6시간 후인 낮 12시경에 여의도 비행장에 착륙하였다. 비행장에 착륙하였을 때, 이들을 맞이한 것은 일본군이었고, 이들은 일본군에게 포위되었다. 일본군은 이들의 착륙은 허가하였지만, 착륙 즉시 이들을 포위하고 어떠한 활동도 용납하지 않았다.

책임자인 버드 대령이 일본군 측과 만났다. 버드 대령은 "중국전구 미군사령관 웨드마이어의 지시에 의해 연합군포로 문제를 협의하기 위한 예비대표로 왔다"고 이들의 성격을 말하고, 아베阿部 총독에게 이를

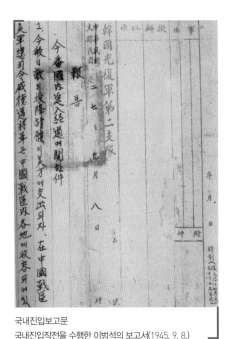

국내진입보고문
국내진입작전을 수행한 이범석의 보고서(1945. 9. 8.)

전달해 줄 것을 요구하였다. 그러나 일본군 측에서는 신임장이 없다는 것과 동경으로부터 아무런 지시를 받지 못하였다는 이유로 받아들이지 않았다.

국내로 들어왔지만, 이들은 아무런 활동도 할 수 없었다. 버드 대령이 다시 "일본의 항복 서명이 있을 때까지 체류하다가 평화 협정이 체결되면 즉시 활동할 수 있도록 할 것"을 요구하였지만, 역시 거부되었다. 일본군은 어떠한 활동도 용납하지 않은 채 "안전을 보장할 수 없으니 돌아가라"고 하면서, 탱크와 박격포·기관총 등을 배치하였다. 이들은 돌아가는 길을 택할 수밖에 없었다. 일본군이 가져다 준 휘발유를 채우고 다음 날인 8월 19일에 여의도 비행장을 이륙하였고, 산동성의 유현維縣 비행장을 거쳐 서안으로 되돌아갔다.

백범은 광복군이 국내로 진입할 때까지 서안에 머물러 있었다. 그동안 백범의 행적이 명확하게 드러나 있지는 않지만, 그가 서안에 머물러 있었다는 것은 두 가지를 통해 확인된다. 하나는 개략적이긴 하지만 백범 자신이 『백범일지』에 다음과 같이 술회하고 있는 것이 있다.

중경으로 돌아오는 것도, 갈 때에 그랬으니 올 때도 당연히 군용기로 와야 했으나 질서가 문란한 관계로 군용기를 탈 수 없어 여객기를 타고 중경으로 귀환했다. 내가 중경으로 오는 동시에 미국 군인 몇 명과 이범석 지대장과 우리 청년 4~5명이 서울로 출발하였는데, 그 후 소식을 들으니 영등포에 도착하여 하룻밤을 묵었으나 왜적 잔당의 항거로 다시 서안으로 왔다는 것이다.

백범은 중경에서 서안으로 올 때는 군용기를 이용하였지만, 중경으로 돌아갈 때는 여객기를 이용하였다. 그리고 그가 중경으로 오는 동시에 광복군 대원들과 OSS 대원들이 서울로 출발한 것으로 서술하고 있다. 다른 하나는 OSS 측에서 작성한 보고서와 중국신문의 보도이다. 이들 자료에 의하면 백범이 중경으로 돌아온 것은 8월 18일이다. 두 가지 근거를 가지고 보면, 백범은 일제의 항복 소식을 접하고 서안에 머물러 있었다. 그리고 광복군 대원들은 8월 18일에 국내로 출발하고, 백범은 중경으로 돌아갔다. 그동안 서안에 머물러 있으면서 광복군의 국내 진입을 지휘하였던 것으로 생각된다.

임시정부를 국민들에게 봉환한다

백범이 중경으로 돌아왔을 때, 임시정부는 논란에 휩싸여 있었다. 논란은 임시의정원에서 일어났다. 일제의 항복 소식을 접한 후 임시정부는 중경에 있던 국무위원들을 중심으로 국무위원회를 열었다. 국무위원회에서는 '귀국해서 정권을 국민에게 봉환한다'는 것을 비롯하여 정부 차원에서 귀국과 관련한 방안을 결정하고, 이를 임시의정원 회의를 통해 결정한다고 하였다. 그런데 임시의정원에서 논의하는 과정에서 논란이 일어났다.

임시의정원 회의는 8월 17일에 개최되었다. 제39차 임시의회였다. 주석이 돌아오지 않은 상태에서, 임시정부는 국무위원회에서 의결한 사항을 제출하였다. 임시정부가 그동안 대행해 왔던 정권을 국민들에게 봉환한다는 것, 대외교섭을 전개하여 조속히 귀국한다는 내용이었다. 이러한 제의안이 제출된 후에 일대 파란이 일어났다. 야당 측 의원들이 임시정부 개조와 국무위원의 총사직을 요구한 것이었다.

임시정부 개조 문제는 조선민족혁명당을 비롯한 좌익 진영이 1942년에 임시의정원에 참여한 이후 줄곧 제기되었던 문제였다. 이에 의해 1944년에 좌우연합정부를 구성하였지만, 한국독립당 중심으로 짜인 임시정부의 조직과 체제를 확대하고 개편하자는 주장이 계속되었다. 1945년 2월에 결성된 신한민주당도 독립운동자대표대회를 소집하여 임시정부를 확대하고 개조하자고 주장하였다. 야당 측에서 국내로 환국하기에 앞서, 임시정부를 개조하고 이를 위해 국무위원의 총사직을 요구한 것이다. 이를 두고 여야가 첨예하게 대립하면서, 회의는 3일간 휴회에 들어갔다.

백범은 서안에서 돌아온 후, 의회를 속개하도록 하였다. 이에 21일에 의회가 다시 열렸다. 백범은 의회에 출석하여, 먼저 서안에 다녀온 경과를 보고하였다. 그리고 야당 측의 요구에 대한 입장을 밝혔다. 27년간

國內外同胞에게告함

大韓民國二十七年九月三日

大韓民國臨時政府國務委員會主席 金九

국민들에게 향후 추진할 정책 방향을 밝힌 당면정책(1945. 9. 3.)

우리가 대행하던 임시정권은 해방된 국내인민에게 봉환한다는 것, 그리고 정권을 봉환하기 위해 현 임시정부는 곧 입국하며, 현직 국무위원은 총사직할 필요가 없다고 하였다.

　백범의 답변은 야당 측의 요구를 정면으로 거부한 것이었다. 야당 측은 이를 받아들이지 않았다. 조선민족혁명당을 비롯하여 신한민주당, 조선민족해방동맹 소속 의원들이 현 국무위원이 총사직하기 전에는 여

하한 제안이라도 결의할 수 없다고 하면서 퇴장해 버렸다. 야당 의원들이 퇴장하면서 법정 의원 수가 부족하게 된 탓에 회의는 계속될 수 없었다. 회의는 그대로 휴회되고 말았다.

임시의정원에서 합의를 이루지 못하자, 백범은 국무위원회에서 결의한 대로 귀국한다는 방침을 세웠다. 국무위원은 사퇴하지 않고 현 임시정부 그대로 환국한다는 것이고, 환국 후에는 국민들에게 임시정부를 봉환한다는 방침이었다. 이러한 방침을 결정한 후, 국민들에게 발표할 성명서와 임시정부가 국내에 들어가 추진할 정책을 마련하도록 하였다. 국민에게 발표할 성명서는 「국내외동포에게 고함」이란 이름으로 작성되었고, 임시정부의 향후 정책은 「당면정책」이란 이름으로 작성되었다.

백범은 주석 명의로 1945년 9월 3일에 「국내외동포에게 고함」이란 성명서를 발표하였다. 9월 3일은 일제가 항복문서에 서명한 다음 날이었다. 일제가 항복문서에 서명하자, 공식적으로 국민들에게 성명서를 발표한 것이었다. 성명서의 내용은 크게 두 가지였다. 우선 해방에 대한 견해를 다음과 같이 밝혔다.

일국의 흥망과 일 민족의 성쇠가 결코 우연한 것이 아니라, 우리의 국운이 단절되는 데 있어 수치적羞恥的 인자因子가 허다하였다면, 금일에 조국이 해방되는 데 있어 각고刻苦하고 장절壯絶한 노력이 있었을 것은 삼척의 동자도 알 수 있는 것이다. 만일 허다한 우리 선열先烈의 보귀寶貴한 열혈熱血의 대가代價와 중·미·소·영 등 동맹군의 영용英勇한 전공戰功이 없었으면, 어찌 조국의 해방이 있을 수 있었으랴. 그러므로 우리가 조국의 독립을 목전에 전망하고 있는 이때에 있어서는 마땅히 먼저 선열의 업적을 추상追想하야 만공滿空의 경의를 올릴 것이며, 맹군의 위업을 선양하야 열렬한 사의를 표할 것이다.

나라가 망하는 데 많은 수치스러운 요인이 있었듯이, 해방을 맞는 데도 각고하고 장절한 노력이 있었다는 말이다. 무엇보다도 '민족의 각고하고도 장절한 노력'에 의해 해방을 맞게 된 것이라고 하였다. 그리고 해방은 선열들의 값진 피의 대가에 의한 것, 또 미·소·중·영 등 동맹군의 전공에 의한 것이라며, 선열들의 업적에 경의를 표하고, 동맹군에게 사의를 표한다고 하였다. 다른 하나는 임시정부가 국내로 들어가 추진해 나갈 정책을 국민들에게 밝혔다. 이는 「당면정책」이란 이름으로 발표되었고, 모두 14개 조항으로 되어 있다. 주요 내용은 다음과 같다.

제1항 본 임시정부는 최속 기간 내에 입국할 것
제6항 전국적 보선에 의한 정식정권이 수립되기까지의 국내 과도정권을
수립하기 위하여 국내외 각층 각 혁명당파, 각 종교집단, 각 지방
대표와 저명한 각 민주영수회의를 소집하도록 적극 노력할 것
제7항 국내 과도정권이 수립된 즉시에 본정부의 임무는 완료된 것으로
인하고 본정부의 일체 직능 및 소유물건은 과도정부에 교환할 것
제8항 국내에서 건립된 정식정권은 반드시 독립국가, 민주정부, 균등사
회를 원칙으로 한 신헌장에 의하여 조직할 것

제9항 국내의 과도정권이 성립되기 전에는 국내 일체 질서와 대외 일체
관계를 본정부가 부책 유지할 것

「당면정책」의 핵심은 국내로 들어가 임시정부를 국민들에게 봉환한
다는 것이다. 그 방법으로 우선 과도정권을 수립한다고 하였다. 과도정
권은 국내외 각 계급·혁명당파·종교집단·지방대표·저명한 민주영수
회의를 소집하고, 이를 통해 수립한다는 계획이었다. 그리고 과도정권
이 주도하여 정식정부를 수립하고, 새로 수립된 정식정부에 임시정부의
모든 것을 인계한다고 하였다.

동포들의 생명과 재산을 보호하는 조치를 취하다

국가의 최고 책임자가 수행해야 할 주요한 임무의 하나는 국민의 생명
과 재산을 보호하는 일이다. 1945년 해방 당시 중국 각 지역에는 약 4백
만 명을 헤아리는 동포들이 거주하고 있었다. 이들의 생명과 재산을 보
호하고, 이들을 무사하게 국내로 귀국시키는 일은 임시정부가 수행해야
할 과제였다. 백범은 임시정부의 환국을 준비하면서, 주석으로서 동포
의 생명과 재산을 보호하는 조치를 강구하였다.

백범은 환국을 추진하면서, 다른 한편으로는 동포들의 생명과 재산을
보호하는 조치를 마련해 나갔다. 그 방법은 크게 세 가지로 추진하였다.
하나는 중국정부에 동포들의 생명과 재산을 보호해 주도록 요청한 것이
었다. 백범은 임시의정원 회의에 출석하여 임시정부의 환국 방침을 천

명한 다음 날 중국의 한국담당자인 오철성을 찾아갔다. 그리고 이틀 후인 8월 24일에 중국정부에 요구하는 사항을 '비망록'이란 이름으로 정리하여 장개석에게 제출하면서, 중국 각 지역에 흩어져 있는 동포들 중 악독한 불량분자 외에는 모두 보호해 주도록 요청하였다.

악독한 불량분자는 일제의 밀정이나 앞잡이로 활동한 사람들을 말한다. 중국 각 지역에 이주해 있던 동포들은 다양했다. 이들 중에는 일제의 밀정과 앞잡이 노릇을 한 경우도 적지 않았고, 일본인보다 더 심하게 중국인들을 괴롭힌 경우도 많았다. 그 때문에 일제가 패망하자 곳곳에서 중국인들이 한인들을 살해하거나 재산을 빼앗는 일이 일어났다. 이러한 상황에서 백범은 중국 측에 일부 악독한 불량분자를 제외하고, 대부분의 선량한 한인들은 보호해달라고 요청한 것이다.

백범은 중국정부가 만주 지역을 접수하기 위해 대표를 파견한다는 소식을 듣고, 이들을 만나 만주 지역의 동포들을 보호해 주도록 요청하였다. 만주 지역은 다른 지역보다도 많은 동포들이 거주하고 있던 곳이었기 때문이다. 중국국민당 정부는 일제가 항복한 후 만주 지역을 접수하기 위해 동북행영東北行營이란 기구를 설치하고, 웅식휘熊式輝를 책임자로 임명하였다. 백범은 이 소식을 접하고 만주 지역으로 파견될 웅식휘 등 20여 명을 초청하여 만찬을 베풀었다. 그리고 이들에게 만주 지역에 있는 동포들의 보호를 부탁하였다.

이와 함께 중국군에 복무하고 있던 김홍일에게도 동포들에 대한 보호를 부탁하였다. 당시 김홍일은 중국군 소장으로, 동북보안사령부 고급참모로 있었다. '동북'은 중국에서 만주를 일컫는 것이었고, 김홍일은 보안사령부에 근무하고 있었다. 김홍일은 동포들을 보호하는 일에 상당한 노력을 기울였다. 금주金州와 심양瀋陽을 비롯하여 만주의 각 지역에서 교민회를 설립하는 한편, 동북한교사무처를 설치하여 동포들을 보호하는 활동을 전개하였다.

둘째는 한교선무단을 조직하여 동포들의 생명과 재산을 보호하도록 하였다. 한교선무단은 임시정부 자체에서 조직한 것이다. 임시정부 요인들과 광복군 간부들을 중심으로 한교선무단을 조직하고, 중국을 화북·화중·화남 세 구역으로 나누어 이들을 파견하였다. 이광·이상만·이청천을 각각 화북·화중·화남 한교선무단 단장으로 임명하였고, 이들은 10월부터 각지로 파견되었다. 각 선무단은 교무조·구호조·군무조를 두고, 동포들에 대한 조사·구호·재산 처리·귀국 등을 담당하였다.

셋째는 주화대표단을 설립하였다. 주화대표단은 임시정부가 환국하면서 중국과의 연락을 위해 설립한 것이다. 임시정부가 환국한 이후 중국대사관과 같은 기구로, 중국에 있는 동포들에 관한 업무를 담당하도록 하였다. 주화대표단의 설립은 이미 중국 각 지역에 파견되어 활동하고 있던 한교선무단을 기반으로 조직을 갖추었고, 박찬익을 단장으로 임명하였다.

주화대표단의 주요한 임무는 동포들에 대한 조사 및 보호와 이들의 귀국을 알선하는 일이었다. 주화대표단은 각지에 분단을 설치하거나 교민회와 한교회 등을 조직하고, 이를 통해 동포들을 조사하여 명부를 작성하였다. 일례로 항구도시인 청도에 많은 한인들이 모여들었는데, 청도한인회로 하여금 이들의 출생지·본적지·직업 등의 인적 사항과 경제적 능력·귀국 희망 여부 등을 조사하여 작성하게 하였다.

그리고 귀국을 위해 각지에서 항구로 모여드는 동포들의 거처를 마련하고, 국내로 들어가는 배편을 마련하여 귀국시키기도 하였다. 중국 내륙에 있던 동포들은 귀국을 위해 상해·청도·천진·당고 등의 항구도시로 모여들었다. 이들의 거처를 마련하는 한편, 배편을 마련하여 귀국시켰다. 배편은 미국이 제공하는 LST^{Landing ship tank}함정과 일부 일본 선박을 이용하였다. 동포들의 귀국은 1945년 11월부터 본격적으로 추진되었다. 귀국은 몇백 명 단위로 이루어졌고, 1946년 7월경까지 계속되었다.

미국의 요구에 의해 '개인자격'으로 환국하다

백범은 환국을 준비하였다. 환국을 준비하는 데는 해결해야 할 문제들이 적지 않았다. 우선 교통편과 경비를 마련하는 것이 큰 문제였다. 임시정부가 있던 중경은 중국 서남쪽에 위치해 있었기 때문에 국내로 가기 위해서는 일단 상해로 이동해야 했다. 그렇지만 중국정부가 중경에서 남경으로 수도를 옮기면서, 교통편을 마련하는 일부터 쉽지 않았고, 경비를 마련하는 일도 간단하지 않았다.

백범은 환국 문제를 중국·미국 측과 교섭하였다. 그동안 중국정부와 긴밀한 관계를 유지하면서 활동했기 때문에 중국 측과의 교섭은 당연한 절차이기도 했고, 또 현실적인 문제도 있었다. 교통편과 경비를 중국 측에 의뢰하지 않을 수 없는 상황이었다. 그리고 미국 측과도 교섭을 벌였다. 미국은 연합국의 주요 당사자였다. 일제가 패망하면서 한국은 미국의 태평양전구에 속하게 되었고, 38선 이남 지역은 미군이 점령하여 군정을 실시하고 있었기 때문이다.

중국과의 교섭은 한국 담당자인 중국국민당 조직부장 오철성을 통해 이루어졌다. 오철성과의 면담 후에, 중국정부에 요청하는 내용을 '비망록'이라는 이름으로 장개석에게 제출하였다. 비망록에는 동맹국에 임시정부 승인을 요청해 줄 것, 미군 당국에 귀국 문제를 협상해 줄 것, 한국 교민들이 귀국할 수 있도록 선박을 내줄 것, 중국화폐로 3억 원을 차관해 줄 것 등 일곱 가지 내용이 담겨 있었다.

미국과의 교섭은 다양한 방법으로 추진하였다. 외무부장 조소앙이 주중 미국대사를 상대로, 또 주석과 외무부장 명의로 트루먼 대통령에게 서신을 보내거나 미 국무부에 비망록 등을 제출하였다. 그리고 중국을 통해 미국과 교섭을 추진하기도 하였다. 임시정부는 미국과 외교적 관계가 성립되지 않아 직접적인 창구가 없었기 때문에 중국 측에 교섭을 의뢰한 것이다. 미국 측과 교섭한 핵심은 '임시정부가 미군의 활동에 협력하고 원조한다'는 전제하에 '임시정부 승인과 국내에 들어가 정부로서 활동할 수 있도록 해 달라'는 것이었다.

이처럼 임시정부가 환국을 위한 교섭을 전개하고 있을 때, 고무적인 소식이 전해졌다. 국내의 인사들이 임시정부에 대한 지지와 환국을 촉구하는 선언서가 전달된 것이었다. 오세창·김성수·백남운·송진우·허헌·여운형 등을 비롯한 국내 인사 648명이 임시정부에 대한 지지와 환국을 촉구하는 국민대회를 추진하고, 임시정부의 조속한 귀국을 촉구하는 국민대회준비회취지서와 국민대회주비회선언서를 보내왔다.

백범은 국내의 인사들이 임시정부의 조속한 귀국을 바라고 있다는 소식을 접하고 환국을 서둘렀다. 그러나 환국 문제는 진척이 없었다. 이에 백범은 장개석과의 면담을 신청하였다. 장개석과의 면담은 9월 26일에 이루어졌다. 장개석에게 '형식과 명의에 구애하지 말고 임시정부 요인들을 항공편으로 입국케 하되, 이것이 어려울 경우에는 먼저 항공편으로 상해에 운송하고 상해에서 배를 타고 입국하도록 해줄 것', 그리고 입국한 후에는 '맹국의 협조 아래 과도정권을 조직하여 정식 민주정부를 성립할 수 있도록 할 것'을 요구하였다.

환국 문제가 진척이 없게 된 데에는 이유가 있었다. 미국 측에서 임시정부 명의로 입국하는 것을 반대하였기 때문이다. 임시정부의 귀국 문제를 두고 미 군정, 맥아더 사령부, 미 국무부 사이에 의견이 통일되지 않았다. 미 군정과 맥아더 사령부에서는 임시정부 요인들을 입국시켜 고문으로 활용한다는 방안을 제시하였지만, 미 국무부는 임시정부 명의로 귀국시킬 수 없다며 '개인자격'으로 입국할 것을 주장하였다. 이러한 논란은 국무부의 주장대로 결말이 났다. 미 국무부와 육군성과 해군성으로 구성된 3성조정위원회SWNCC가 맥아더와 그 휘하에 있는 미 군정에 임시정부의 귀국은 '개인자격'이어야 한다는 전문을 보냈다.

이러한 결정이 있기까지 중국 측은 임시정부 명의로 환국시키기 위해 미국 측과 다양한 교섭을 전개하였다. 주미 중국대사 위도명魏道明이 미국정부를 상대로, 그리고 주중 미국대사관을 통해 임시정부의 승인문제와 더불어 임시정부 명의로 입국하는 문제를 교섭하였다. 장개석도 직접 나섰다고 한다. 당시 국무위원이었던 조경한은 그의 회고록에서 "장

중국국민당의 환송연(1945. 11. 4.)   왼쪽부터 풍옥상·김구·장개석·송미령이다.

제스가 일본 도쿄에 주재한 맥아더 장군과 임시정부 주석 및 각료 일동을 귀국시키는 문제를 놓고 한동안 실랑이를 벌였다"고 서술하고 있다. 중국은 임시정부를 개인자격이 아니라 정부자격으로 귀국시키기 위해 백방으로 노력을 기울였다.

중국과 미국 사이에 전개된 교섭에 의해 임시정부의 환국 문제가 실마리를 찾았다. 환국의 노선과 교통편에 대해 합의를 이룬 것이다. 노선은 중경에서 상해로 이동한 뒤 국내로 들어오는 것이었다. 교통편은 중경에서 상해까지는 중국 측이, 상해에서 서울까지는 미국 측이 부담하기로 결정되었다.

임시정부의 환국 문제가 결정되면서, 중국의 여러 기관에서 환송연을 베풀었다. 중국국민당은 임시정부 요인과 임시의정원 의원 등 60여 명을 상청화원上淸花園으로 초대하여 10월 24일에 대규모 환송연을 열었고, 중한문화협회를 비롯한 여러 기관 및 민간 단체에서도 환송연을 마련하였다. 중국공산당의 초대도 있었다. 당시 중경에 주재하고 있던 판사처장 주은래周恩來와 중앙의장 동필무董必武가 국무위원 전체를 초대하여 송별연을 베풀었다.

백범도 환국인사를 하였다. 10월 29일에 장개석을 찾아가 그동안 한국의 독립운동을 지원해주고, 환국 경비로 특별히 1억 원과 20만 달러를 지급해 준 것에 대한 감사의 뜻을 전하였다. 장개석도 임시정부를 떠나보내면서 성대한 환송연을 열었다. 임시정부가 떠나기 전날인 11월 4일에 장개석은 부인 송미령과 함께 백범을 비롯한 임시정부 요인들을 초대하여 환송하면서, "이른 시일 안에 독립을 완성하기를 기원한다"는 덕담을 하였다.

11월 5일, 백범은 상해로 출발하였다. 중국공군에서 비행기를 마련해 주었다. 국무위원과 경위대원을 포함한 29명이 비행기를 타고 중경 산호패 공항을 출발하여 5시간 만에 상해에 도착하였다. 상해에는 미리와 있던 광복군 총사령 이청천 장군을 비롯한 많은 교포들이 마중을 나왔다.

상해에 도착하였지만, 조국으로 들어가는 길은 쉽게 열리지 않았다. 상해에서 국내까지는 미국이 부담하도록 되어 있었는데, 미국 측이 임시정부 명의로 입국할 수 없다며 개인자격으로 입국한다는 서명을 요구했기 때문이다. 이 문제를 두고 국무회의가 열렸다. 국무위원들 사이에

상해에 도착한 백범(1945. 11. 5.)

개인자격으로 입국할 것이냐 하는 문제를 가지고 논란이 일어났다. 논란이 있었다는 사실은 국무위원 조경한의 회고록에 다음과 같이 기록되어 있다.

국무회의가 열렸다. 분하고 기막힌 정서는 누구나 일반이었다. "모욕적인 사인 말고 이대로 귀국하지 않고 있다가 미 군정이 철수한 뒤에 들어가도 늦지 않다"고 주장하는 일부 인사도 있었으나, "사인은 물론 모욕이나 우리의 정세가 어서 들어가서 국가의 일대 혼란을 만분지 일이라도 바로 잡아줄 의무가 있는 것이다. 형식은 기관이 아닌 개인이라고 사인을 해줄지라도 어디까지나 들어가기 위한 임시응변의 권변과 방편에 불과한 것인데, 기관을 운영한 전원이 들어가는 마당에 어찌 기관이 아니라고 보며 기관의 권력 발동에 있어서도 이미 정권을 국민에게 봉환하기로 결정한 바 있으니 기회보아서 국민대표회의를 열어 봉환에 대한 절차를 준비하는 것이 옳을 것이다. 권변으로 사인을 해주고 보자"는 의논이 압도적이어서 사인을 해주기로 가결하였다.

이처럼 미 군정의 요구에 대해 국무위원들 사이에 격론이 벌어졌음을 짐작할 수 있다. 미국의 서명 요구에 대해 모욕을 느끼지 않을 수 없었지만, 정부 인사들이 모두 귀국하는데 어찌 정부로 귀국하는 것이 아니겠느냐 하는 명분이 우세했다. 그리고 서명은 입국을 위한 임시방편이라는 의견도 있었다. 국무회의에서 서명을 해 주기로 가결되었고, 백범은 중국전구 미군사령관인 웨드마이어에게 '개인자격의 귀국'이라는 서약서를 제출하였다.

서약서를 제출하고서야 비로소 길이 열렸다. 귀국의 길은 열렸지만, 국내로 들어가는 길은 어렵기만 했다. 미 군정에서 보내온 비행기는 한 대였고, 탑승인원도 15명뿐이었다. 상해에 도착한 요인들은 29명이었으니, 함께 들어갈 수 없어서 인원을 나누어야 했다. 여러 의견들이 있었지만, 제1진으로 주석과 부주석을 포함한 15명이 결정되었다.

11월 23일 오후 1시, 백범은 미 군정이 보내온 비행기에 올랐다. 비행기에 올랐지만, 착잡하기 이를 데 없었다. 기내의 분위기도 침통하였다. 비행기는 중국의 연안을 따라 올라오다가 청도에서 꺾어져 서울로 향하였다. 육지가 보이기 시작하자 가슴 깊은 곳으로부터 코끝이 찡해왔고, 눈물이 앞을 가렸다. 3시간여의 비행 끝에 비행기는 김포비행장에 내려앉았다. 미군 장교 몇 사람이 올라와 안내했다. 초겨울의 쌀쌀한 공기를 마주하며 흙 한줌을 움켜쥐고 냄새를 맡았다. 고국의 흙이요, 향기였다. 공항에는 미군 병사들만 몇 명 보였다. 환영 나온 인사들은 아무도 없었다. 미 군정 당국이 혼란을 우려하여 이들의 환국을 극비에 붙였기 때문이라고 한다. 백범의 비서로 함께 들어왔던 선우진의 회고에 의하면, 임시정부 요인들은 국내 동포들이 환영 나올 줄 알고 이들과 함께 흔들 태극기도 준비하였다고 한다. 그러나 준비해온 태극기를 꺼내들 필요도 없었다.

백범의 귀국에는 아쉬움이 적지 않다. 개인자격으로의 입국은 어찌할 수 없었다고 해도, 귀국하는 방법과 절차에서 소홀한 점이 있었던 것이 아닌가 한다. 당시 내무부장이었던 신익희의 회고를 기록한 신창현의 『해공신익희』라는 책에 귀국하는 방법과 절차에 대한 이야기가 있다.

정부의 각원 가운데에서 실무진이 먼저 나라 안으로 들어가서 국내 민심 동향도 살피고 미 군정청과도 연계를 맺고 한 뒤, 우리는 개인자격으로 들어간다손 치더라도 정부 주석, 부주석, 의정원 의장·부의장쯤은 추후에 3천만 동포 동지들이 한데 뭉쳐서 뫼셔 들이는 형식을 마련한 뒤 위의를 갖추어 들어가도록 하자.

이는 누가 먼저 들어갈 것인가 하는 문제를 두고 논의가 있었을 때, 외무부장 조소앙이 주장한 것이라고 한다. 실무진이 먼저 들어가 국내의 정세를 파악하고 미 군정과 연계를 맺는 등 기반을 마련한 후, 주석을 비롯한 정부와 의정원의 대표들은 국민의 이름으로 위엄을 갖추어 맞아들이도록 해야 한다는 것이었다. 이러한 주장에 신익희도 동조하였다고 한다.

그러나 조소앙과 신익희의 주장은 받아들여지지 않았다. 엄항섭이 나서서 "정부의 원로들과 정치적으로 원만한 이들이 먼저 귀국하여 임시정부의 인상을 민족주의적인 것으로 굳혀 놓아야 한다"고 주장한 것이다. 귀국의 방법과 절차를 두고 논란이 있었지만, 백범은 엄항섭의 주장을 받아들였다. 그리고 주석인 자신과 부주석을 포함한 제1진을 선발하여 먼저 귀국하였다.

제1진의 면면을 보아도 아쉽고 소홀하였다는 생각을 갖지 않을 수 없다. 제1진은 모두 15명이었다. 주석 김구, 부주석 김규식, 국무위원 이시영, 선전부장 엄항섭, 문화부장 김상덕, 참모총장 유동열, 주치의 유진동, 경위대원 윤경빈·이영길·백정갑·선우진, 김구의 며느리 안미생, 그리고 민영완·장준하·김진동(김규식 아들) 등이었다. 제1진에는 주석과 부주석을 포함한 임시정부 요인 일부와 경위대원과 가족들로 구성되어 있었다.

임시정부 국무위원 대부분과 임시의정원의 대표들은 제2진으로 편성되었다. 제2진은 모두 22명이었다. 국무위원 조성환·황학수·장건상·김붕준·성주식·유림·김성숙·조경한, 정부 부장으로 조소앙(외무부장)·신익희(내무부장)·조완구(재무부장)·최동오(법무부장)·김원봉(군무부장), 의정원 의장 홍진, 그리고 수행원으로 노능서·서상열·이계현·윤재현·안우생과 중국인 무전기사 3명이었다.

제1진도 그렇지만 제2진의 귀국도 쓸쓸하고 초라한 귀국이었다. 제2진은 12월 1일에 상해를 출발했지만, 폭설로 인해 김포비행장에 내리지 못하고 전라도 옥구비행장에 내렸다. 자동차로 이동하다가 논산에서 하룻밤을 지내고 12월 2일에 서울에 도착하였다. 제1진이나 제2진이나 모두 국민들이 알지 못한 상태에서 귀국하게 되었다.

경교장에서 '임시정부'로 활동하다

백범은 27년 만에 다시 고국 땅을 밟았다. 1919년 중국 상해로 망명한 이래 1945년에 돌아왔으니 27년 만이었다. 27년 동안 백범에게는 엄청난 변화가 있었다. 상민 출신이었던 그가 대한민국 임시정부의 주석으로, 그리고 독립운동의 대표적 지도자가 되어 돌아온 것이다. 그를 맞아준 것은 함박눈이었다. 김포비행장에서 서울로 들어오는 길에 한강 인도교를 지나는 데 함박눈이 쏟아지기 시작하였다.

백범이 도착한 곳은 서대문 근처 죽첨장이었다. 죽첨장은 광산업을 하던 최창학의 집이었다. 이를 김석황이 임시정부가 사용할 곳으로 마련해 놓았다. 김석황은 상해에서 독립운동을 했던 인물로, 임시정부 환영회를 준비하면서 최창학에게 죽첨장을 임시정부에 헌납하도록 하였다. 백범은 죽첨장을 숙소로 사용하면서, 이름을 경교장이라고 하였다. 죽첨장 바로 옆에 경교라는 다리가 있어, 그 이름을 따 경교장이라고 한 것이었다.

경교장에 도착하니 이승만이 기다리고 있었다. 이승만은 미국에서 10월 16일에 귀국하였고, 백범의 환국 소식을 듣고 찾아 온 것이었다. 백범은 이승만과는 상해에서 1921년에 헤어진 후 25년 만에 다시 만났다. 상해에서 만났을 때 이승만은 대통령이었고, 백범은 경무국장이었다. 25년 후 경교장에서 다시 만났을 때는 백범은 주석이고, 이승만은 임시정부의 주미대사 격인 주미외교위원부 위원장이었다.

백범의 귀국 소식이 국민들에게 알려진 것은 오후 6시였다. 미 군정

사령관 하지 중장이 방송을 통해 백범을 비롯한 임시정부 요인들이 귀국하였다는 짤막한 성명을 발표하였다. 임시정부 요인들의 귀국 소식이 알려지면서 많은 시민과 기자들이 경교장으로 모여들었다. 기자들이 저녁 8시경에 들어와 회견을 요청하였다. 기자들은 38선과 통일 문제에 대해 물었다. 김구는 "38선은 철폐되리라 믿는다, 일간에 각 정당 대표와 회견하고 전반적 정세에 관하여 상의하고 각 정당간의 통일을 성취시킬 것을 기대한다"고 대답하고, 선전부장 엄항섭으로 하여금 귀국 성명을 발표하도록 하였다. 엄항섭이 발표한 귀국 성명은 다음과 같다.

27년간 꿈에도 잊지 못하던 조국강산을 다시 밟을 때 나의 흥분되는 정서는 형용해서 말할 수 없습니다. 나는 먼저 경건한 마음으로 우리 조국의 독립을 전취戰取하기 위하여 희생하신 유명무명의 무수한 선열과 아울러 우리 조국의 해방을 위하여 피를 흘린 허다한 연합국 용사에게 조의를 표합니다. …… 나와 나의 동료는 오직 통일된 독립자주의 민주국가를 완성하기 위하여 여생을 바칠 결심을 가지고 귀국하였습니다. 여러분은 조금도 가림 없이 심부름을 시켜주시기 간절히 바랍니다. 조국의 통일과 독립을 위하여 유익한 일이라면 불 속이나 물속이라도 들어가겠습니다. …… 완전히 독립자주하는 통일된 신민주국가를 건설하기 위하여 공동분투합시다.

이는 비행장에서 환영 나온 국민들에게 발표할 생각으로 작성한 것으로, 귀국하여 국민들에게 처음으로 한 말이었다. 먼저 독립을 위해 희생하신 무수한 선열과 연합국에게 감사를 표하고, 자신의 포부를 밝혔다.

통일된 독립자주와 민주국가를 완성할 결심이라고 하면서, 함께 분투하여 통일된 신민주국가를 건설하자고 하였다.

백범은 공식적으로는 개인자격으로 귀국하였지만, 실제로는 그렇게 생각하지 않았다. 기자들이 귀국문제에 대해 묻자 "국제관계에 있어서는 개인자격이지만 국내 동포의 입장에서는 정부"라고 대답하였다. 임시정부의 대변인 역할을 하던 선전부장 엄항섭도 기자들의 질문에 "대외적 관계에 있어서는 개인자격이지만 국내에 있어서는 정부자격으로 해석해야 할 것"이라고 답변하였다.

국민들도 그렇게 생각하지 않았다. 백범을 비롯한 임시정부 요인들이 환국한 사실이 알려지자, 수많은 시민들이 경교장에 모여 들었다. 서대문 일대가 인산인해를 이루었고, 시민들은 임시정부를 환호하며 환영하였다. 그리고 『자유신문』과 『서울신문』을 비롯한 여러 언론들도 임시정부가 환국한 사실을 앞다투어 보도하였고, 연일 임시정부 요인들과의 인터뷰 기사를 실었다.

국민들은 임시정부의 귀국을 대대적으로 환영하였다. 연합군환영회 본부가 12월 1일에 서울운동장에서 귀국을 환영하는 대한민국임시정부 봉영회를 개최하자, 3만여 명의 인파가 모였다. 한국민주당의 송진우, 국민당의 안재홍을 비롯하여 국내에서 활동하던 수많은 단체와 주요 인사들이 임시정부 요인을 방문하거나 귀국을 환영하는 담화를 발표하였고, 임시정부의 귀국을 환영하는 행사도 전국 곳곳에서 열렸다.

이후 제2진이 귀국하면서, 백범은 임시정부로 활동하기 시작하였다. 제1진과 제2진으로 나누어 귀국한 임시정부 요인들이 모두 경교장에 모

임시정부의 환국을 보도한 『서울신문』(위)과
『자유신문』(아래)의 기사(1945. 11. 24.)

경교장

여서 12월 3일에 국무회의를 개최하였다. 이 모임에는 임시정부 국무위원 전원과 미국에서 귀국한 이승만도 참석하였다. 첫 국무회의는 국내 정세에 대한 보고를 듣는 것으로 진행되었고, 각 신문들은 환국 이후 전 각료가 모여 최초의 국무회의를 개최하였다고 보도하였다.

경교장은 단지 백범의 숙소가 아니었다. 임시정부의 국내 청사였다. 상해·중경 등 중국 각지에 복원되어 있는 임시정부 청사가 그렇듯이, 주석이 머무르는 곳이 청사였고, 임시정부 요인들이 모여 회의하던 곳이 청사였다. 첫 국무회의를 개최한 이래, 국무위원들은 경교장에 모여서 국무회의를 계속하였다. 서울시가 2012년 경교장을 복원하면서 경교장에서 국무회의를 개최한 사진들을 여러 장 발굴하였고, 이 사진들

대한민국 임시정부의 환국을 축하하는 시민들

은 현재 경교장에 전시되어 있다.

임시정부가 전 국민 앞에 공개적으로 모습을 나타낸 것은 서울운동
장에서 12월 19일에 개최된 '대한민국임시정부 개선전국환영회(개선환
영회)'를 통해서였다. 개선환영회는 국내에서 활동하던 각 정당 및 사회
단체들이 임시정부의 귀국을 환영하기 위해 개최한 것으로, 시민과 학
생들을 비롯하여 참가한 인원이 15만 명에 이르렀다. 주석 김구를 비롯
한 임시정부 요인들이 주빈主賓으로 초대되었고, 이를 통해 임시정부가
국민들과 공식적인 만남을 갖게 되었다.

백범은 개선환영회를 통해 국민들과 직접 만나게 되었다. 환영회는
홍명희의 "우리 삼천 만 동포는 우리의 유일무이한 임시정부를 봉대하

고 일치단결하여 조국독립에 분투하자"는 환영사로 시작되었고, 미 군정장관 러치Archer L. Lerch의 축사와 송진우의 환영사 등이 이어졌다. 백범은 임시정부 주석의 자격으로 다음과 같은 답사를 하였다.

우리 임시정부는 3·1대혁명의 민족적 대유혈투쟁 중에서 산출한 유일무이한 정부였습니다. 그야말로 전민족의 총의로 조직된 정부였고 동시에 왜적의 조선통치에 대한 유일한 적대적 존재였습니다. 그러므로 우리 임시정부는 과거 27년간 일대 혁명의 정신을 계승하여 전 민족 총 단결의 입장과 민주주의 원칙을 일관하게 고수하여 왔던 것입니다. 임시정부는 결코 어떤 한 계급 한 당파의 정부가 아니라 전 민족, 각 계급, 각 당파의 공동한 이해 입장에 입각한 민주단결의 정부였습니다. 그러므로 우리 정부의 유일한 목적은 오직 전 민족으로 총 단결하여 일본제국주의를 타도하고 한국에 진정한 민주공화국을 건립하자는 데 있습니다. ……
우리 동포들은 3·1대혁명의 전 민족적 총 단결, 총궐기의 정신을 다시한번 발양發揚해서 우리의 독립주권을 찾고 자주·평등·행복의 신한국을 건설합시다.

이는 국민들에게 임시정부의 존재와 포부를 밝힌 것이었다. 임시정부는 3·1대혁명을 통해 전민족의 총의로 조직한 유일무이한 정부이고, 3·1혁명의 정신을 계승하여 민주주의 원칙을 일관되게 고수하여 왔으며, 일본 제국주의를 타도하여 민주공화국을 건립하려는 목적으로 27년 동안 활동해 왔다고 하였다. 그리고 3·1대혁명의 정신을 다시 발양하여 자주·평등·행복을 실현할 수 있는 독립주권의 신한국을 건설하자는 포부를 밝혔다.

그러나 당시의 현실로 보면, 임시정부를 공식적으로 내세우는 것이 어려웠다. 환국 당시 정부 명의가 아닌 개인자격으로 입국한다는 전제가 있었기 때문이다. 미 군정은 1945년 10월에 아놀드Archbald V. Arnold 군정장관 명의로 "38선 이남의 조선 땅에는 미 군정이 있을 뿐이고 그 외에는 다른 정부가 존재할 수 없다"며, "남한에는 오직 미 군정만 있을 뿐이지 한국인에 의한 어떠한 정부도 인정하지 않겠다"고 못 박은 적이 있었다. 해방 직후 여운형의 주도하에 건국준비위원회가 결성되고, 조선공산당이 주도하여 9월 6일에 인민공화국을 선포하였지만, 이를 인정하지 않겠다는 것이었다.

임시정부도 마찬가지일 수밖에 없는 상황이었다. 그러나 백범은 경교장에서 국무위원들이 모두 참석한 가운데 국무회의를 계속 개최하며 임시정부로서 활동하고자 하였다. 그리고 12월 19일에 열린 개선환영회에서도 국민들에게 임시정부의 존재와 성격을 언급하고, '독립주권을 찾고 자주·평등·행복의 신한국을 건설하자'고 하면서 임시정부로 활동하겠다는 의지를 천명하였다.

신탁통치를 받아들일 수 없다

백범은 환국 이후 임시정부로 활동하고 있었다. 경교장에서 국무회의를 연달아 개최하면서 한편으로는 비밀리에 정치공작대와 행정연구위원회를 조직하여 활동하였다. 정치공작대는 임시정부의 조직을 확대하고 국민적 기반을 확보하기 위한 것이었고, 행정연구위원회는 정부 수립에 필요한 행정을 준비하기 위한 것이었다. 두 기구는 내무부 산하에 두었고, 내무부장 신익희에게 운영과 활동에 대한 책임을 맡겼다.

백범이 정치공작대와 행정연구위원회를 조직하고 활동을 재개하려고 할 때, 신탁통치 소식이 전해졌다. 모스크바 3상회의에서 한국을 5년 동안 신탁통치하기로 결의하였다는 소식이었다. 모스크바 3상회의는 1945년 12월 16일부터 모스크바에서 미·영·소 3개국의 외상들이 모여 회의한 것이다. 여기에서 한국문제가 토의되었고, 합의한 내용이 12월 28일에 발표되었다. 발표 내용에 한국에 대한 신탁통치 문제가 포함되어 있었다.

백범은 모스크바 3상회의 결정 소식을 접하고 곧바로 긴급 국무회의를 소집하였다. 오후 4시경에 부주석 김규식을 비롯한 국무위원 전원이 경교장에 모였다. 국무회의에서는 '신탁통치는 받아들일 수 없다'며 이에 반대하기로 결의하였다. 국민들과 함께 반대운동을 전개하기로 하였고, 먼저 연합국 4국 원수에게 신탁통치를 반대한다는 결의문을 보내기로 하였다.

'4국 원수에게 보내는 결의문'은 주석 김구와 외무부장 조소앙 명의로 작성되었다. 내용은 신탁통치는 '민족자결의 원칙에 위배', '제2차 세계대전 중 4국이 약속한 것에 위반', '연합국헌장에 부합되지 않음', '원동의 안전과 평화를 파괴할 것'이라고 하면서, 신탁통치 적용을 반대한다는 것으로 되어 있다. 백범은 하지 중장에게 이 결의문을 4국 원수에게 전달해 줄 것을 요청하였고, 미국에는 맥아더를 거쳐 국무부로 전달되었다.

긴급 국무회의에 이어 저녁 8시에 각 정당과 단체 및 언론계 대표들이 경교장에 모였다. 국민들과 함께 반대 운동을 전개한다는 방침에 따라 각계 대표들이 참석하였다. 이들과 국무위원들이 연합 회의를 열었다. 백범은 회의를 주재하며, 신탁통치를 반대하는 것은 곧 독립운동이라고 하며 다음과 같이 말하였다.

해외에서 30년 동안 싸우다가 고국의 강토를 밟게 되어 3천 만 동포를 해후케 될 때에 이 사람은 3천 만 동포와 독립운동을 계속하기 위함이라는 것을 언명한 바 있었다. 불행히도 이 사람의 말이 들어맞아서 지금부터 새 출발로서 독립운동을 전개하지 않으면 아니 되게 되었다. 우리가 기대치 않은 탁치라는 문제가 3천 만의 머리위에 덮어 씌워졌다. 우리가 이것을 물리치기 위하여 덮어씌우려는 탁치의 보자기를 벗어날 운동을 전개하여야 하겠다.

이처럼 백범은 신탁통치 반대 운동을 독립운동의 연장선으로 여겼다. 흔히 백범이 임시정부를 중심으로 반탁운동을 전개한 것에 대해, 대중적 기반을 강화하기 위한 수단 또는 정치적 고려로 해석하는 경우가 적지 않았다. 이는 백범과 임시정부를 제대로 이해하지 못한 데서 나온 해석이다.

백범과 임시정부는 신탁통치 문제가 대두되었을 때 이에 대해 강력한 반대 운동을 전개한 적이 있었다. 신탁통치 문제가 대두된 것은 1943년 초부터였다. 영국 외상 이든Anthony Eden과 미국 대통령 루스벨트가 만나 전후 문제를 논의하면서, 전후 한국을 국제공동관리로 한다는 내용이 알려졌다. 국제공동관리란 곧 신탁통치와 다름없는 것이었다. 소식을 접한 임시정부는 즉각 외무부장 조소앙을 통해 이에 반대하는 성명을 발표하였다. 그리고 5월 10일에는 임시정부를 비롯하여 중경에서 활동하고 있던 단체와 한인들 3백여 명이 재중자유한인대회를 개최하고, 국제공동관리에 반대한다는 성명서와 결의문을 채택하고, 이를 연합국에 보냈다.

카이로선언이 발표되었을 때도 그랬다. 미·영·중 정상들이 이집트 카이로에서 회담을 갖고, 전후 한국의 독립을 결의하였는데, 그 앞에 '적당한 시기in due course'라는 조건부 단서를 붙였다. 백범은 카이로선언이 한국의 독립을 보장한 것에 대해서는 환영하였지만, 조건부 단서에 대해서는 '일본이 붕괴될 그 시간에 독립을 얻지 못하면 역사적인 전쟁을 계속할 것'이라며 다음과 같이 강력하게 반대하였다.

우리는 '당연한 순서'라는 말을 어떻게 해석하든지 그 표현을 좋아하지 않는다. 우리는 반드시 일본이 붕괴되는 그때에 독립되어야 할 것이다. 그렇지 않으면 우리의 싸움은 계속될 것이다. 이것은 우리의 변할 수 없는 목적이다.

카이로선언에서 한국의 자유 독립을 보장받게 된 것에는 백범과 임시정부의 노력이 적지 않았다. 그렇지만 백범은 '적당한 시기'라는 조건부 단서를 받아들일 수 없었고, 일제가 패망하는 즉시 한국은 독립되어야 한다는 입장이었다. 그렇게 되지 않으면 일제를 상대로 독립운동을 하였듯이, 한국을 간섭하는 또 다른 국가에 대해서도 독립전쟁을 계속할 것이라고 하였다.

백범이 모스크바 3상회의 소식을 듣고, 곧바로 반탁운동에 나선 것은 이러한 논리 때문이었다. 일제가 패망하면 그 즉시 독립되어야 한다는 것이 그의 신념이었고, 신탁통치는 어떤 형태로든 받아들일 수 없었다. 이러한 논리와 신념에 의해 연합회의를 주재하면서, 다시 독립운동을 전개하지 않을 수 없다고 한 것이다. 백범의 신탁통치에 대한 반대는 별다른 고려가 없었고, 독립운동의 연장선이었다.

12월 28일 저녁에 열린 연합 회의는 밤새도록 계속되었다. 회의에서는 신탁통치 반대 운동을 위한 기구를 설립하기로 하고, 기구의 명칭을 '신탁통치반대 국민총동원위원회'로 결정하였다. 명칭 그대로 각계각층의 국민들을 총동원하여 반대 운동을 전개한다는 뜻이었다. 국민총동원위원회는 국무위원회의 지도를 받는 것으로 하고, 백범은 조소앙·김원봉·조경한·유림·김규식·신익희·김붕준·엄항섭·최동오 등 국무위원 9명과 함께 위원을 맡았다.

백범은 위원으로 선임된 국무위원들과 함께 행동 방침을 논의하였다. 대원칙은 국민들과 함께 반대 운동을 전개한다는 것이었다. 그 방법으로 각 도·군·면 단위로 위원회를 조직하고, 중앙과 지방위원회를 두기로 하였다. 이러한 결정에 따라 각 당파·사회 및 종교단체·유지인사 등을 중심으로 90명의 중앙위원을 선정하고, 위원장에 권동진, 부위원장

신탁통치 반대 시위

에 안재홍과 김준연을 선출하였다.

12월 31일 오전 9시, 백범을 비롯한 임시정부 측 지도위원 9명과 중앙위원 90명이 경교장에 모였다. 이 모임에서 임시정부가 결정한 행동지침이 보고되었다. 1월 1일까지 철시撤市를 단행하고, 폭력은 절대 금지하며, 가무음곡 및 유흥을 목적으로 한 영업은 금지할 것 등이었다. 그리고 책임 있는 지도를 위해 상임위원 21명을 선임하기로 하고, 정인보를 임시의장으로 선출하였다.

국민총동원위원회는 오후 3시에 동대문운동장에서 신탁통치결사반대 시민대회를 개최하였다. 시민대회에는 일반 시민들을 비롯하여 어린 학생들까지 참여하였고, 그 숫자가 약 3만여 명에 이르렀다. 정인보의 사회로 진행된 시민대회는 신탁통치에 대한 국민들의 울분과 불만이 쏟아졌다. '신탁통치를 배격하여 자주독립을 쟁취하자'는 선언문이 낭독되었고, 선서문과 결의문 등이 채택되었다.

대회를 마친 후, 동대문에서 서울역을 향해 시가행진에 들어갔다. 시가행진에는 더 많은 시민들이 참여하였고, 이들은 '신탁통치를 결사반대하자', '삼천만은 죽음으로써 즉시 독립을 쟁취하자', '외국군정의 철폐를 주장한다'는 구호를 외쳤다. 이로써 신탁통치를 반대하는 반탁운동의 횃불이 타올랐다.

미 군정으로부터 정권 접수를 시도하다

반탁운동과 함께 백범이 추진한 것이 또 하나 있었다. 미 군정으로부터 정권을 접수하려고 시도한 것이다. 백범이 환국하였을 때 남한에는 이미 미 군정이 성립되어 있었다. 1945년 9월 9일 서울에 진주한 미군은 조선총독부로부터 항복을 접수하고, 하지 중장을 사령관으로 하는 미 군정을 성립하였다. 이후 38선 이남 지역은 미 군정이 통치하고 있었다. 백범은 미 군정이 행사하는 정권을 임시정부에서 접수하려고 하였다.

임시정부가 정권을 행사해야 한다는 논의는 국민총동원위원회를 결성하는 과정에서 제기되었다. 주석 김구를 비롯한 국무위원과 각 정당 및 사회단체 대표들이 12월 29일에 경교장에 모여서 국민총동원위원회를 결성하는 문제를 논의하고, 중앙위원 90명을 선정하여 12월 30일에 발표하기로 하였다. 오후 5시부터 안재홍이 임시의장이 되어 중앙위원을 선정하면서, "우리 임시정부에 즉시 주권행사를 간망할 것"을 제안하였다. 이러한 제안을 『동아일보』는 12월 31일자에 「각 정당 사회단체 대표자회의, 임정에 주권행사 건의」라는 제목으로 보도하였다.

정권 접수를 주도한 것은 정치공작대와 행정연구위원회였다. 정치공작대와 행정연구위원회는 환국 이후 내무부 산하에 설치한 것으로, 내무부장 신익희가 그 책임을 맡고 있었다. 임시정부가 국민총동원위원회를 조직하며 반탁운동을 준비하고 있을 때, 신익희는 두 가지 일을 추진하였다. 12월 29일에 서울시내 9개 경찰서장을 정치공작대 본부인 낙산장으로 불러 임시정부의 지시에 따라 반탁운동에 호응할 것을 명령하였다. 그리고 미 군정으로부터 정권을 접수한다는 포고문을 작성하여 발표하였다. 서울운동장에서 신탁통치결사반대 시민대회가 개최되던 12월 31일이었다. 이날 서울시내를 비롯한 전국 각지에 '국자國字' 제1호와 제2호란 이름의 포고문이 담벼락에 나붙었다. 포고문의 내용은 다음과 같다.

국자 제1호

1. 현재 전국 행정청 소속의 경찰기구 및 한인 직원은 전부 본 정부의 지휘하에 예속케 함
2. 탁치반대의 시위운동은 계통적 질서적으로 행할 것

3. 폭력행위와 파괴행위는 절대 금함

4. 국민의 최저 생활에 필요한 식량, 연료, 수도, 전기, 교통, 금융, 의료 기관 등의 확보 운영에 대한 방해를 금지함

5. 불량 상인의 폭리 매점 등은 엄중히 취체함

국자 제2호

此 운동은 반드시 우리 최후 승리를 취득하기까지 계속함을 요하며 일반 국민은 금후 우리 정부 지도하에 제반 사업을 부흥하기를 요망함

'전국 행정청'은 미 군정을 말하는 것이다. 미 군정에 소속되어 있는 경찰기구와 한인 직원들은 모두 임시정부 지휘로 예속한다는 것이고, "일반 국민은 금후 우리 정부 지도하에 제반 사업을 부흥하기를 요망한다"고 하였다. 이는 임시정부가 미 군정의 한인 직원들을 장악하여 정권을 행사하겠다는 것이고, 국민들에게는 임시정부의 지도에 따르라고 한 것이다.

포고문의 효력은 곧바로 나타났다. 미 군정청에 근무하던 한인 직원들이 파업을 결의하고 임시정부 주석 김구의 지휘에 따르겠다는 뜻을 표명하였고, 서울시내 경찰서장들도 신익희의 안내로 경교장을 찾아와 임시정부의 지도하에 치안 확보와 질서 유지에 나서겠다는 결의를 표명하였다. 독립을 열망하던 국민들도 포고문을 보고 휴무 파업에 돌입하였고, 상인들도 대부분 가게 문을 닫고 철시하였다.

그러나 엄청난 파문이 일어났다. 미 군정은 이를 미 군정의 정권을 탈

각 정당 사회단체대표자회의에서 임시정부에 주권행사를 건의했다는 보도(『동아일보』 1945. 12. 31.)

취하려는 '임시정부의 쿠데타'로 받아들였고, 사령관 하지 중장은 분노를 감추지 못하였다고 한다. 당시 경무국장이었던 조병옥이 이에 대해 비교적 소상하게 회고해 놓은 기록에 의하면, 하지 중장은 보고를 받고 "임시정부 요인들을 죽여 버리겠다"거나 "중국으로 추방하겠다"고 하였다고 한다. 이에 조병옥이 중재를 섰다고 한다. 그는 하지 중장에게 "임시정부 요인들을 죽이거나 국외로 추방하면, 한국의 민심이 미 군정에서 이탈할 것이고, 그렇게 되면 미 군정도 실패할 것"이라며, 백범과 만나 이야기할 것을 제의하였다고 한다.

1946년 1월 1일 오후 2시, 백범은 반도호텔에서 하지 중장과 만났다. 하지 중장은 분노를 삭이지 못하고 있었다. 백범이 들어서자 반탁운동을 중지하라고 하면서, "다시 한번 나를 기만하면 죽여 버리겠다"고 하였다. 백범도 격노하여 "당신이 나를 죽이기 전에 이 융단 위에서 자결하겠다"고 대응하였다. 미 군정이 백범의 별명을 블랙타이거Black Tiger로 붙인 데서 짐작할 수 있듯이, 백범은 녹녹한 상대가 아니었다.

격앙된 만남이었지만, 합의가 이루어졌다. 하지 중장은 반탁운동을 하되 폭력적인 방법은 행사하지 않을 것과 이를 방송을 통해 밝힐 것을 요구하였다. 또 미 국무장관 번즈가 신탁통치가 실행되지 않을 가능성이 있다는 내용의 성명을 발표하였다는 소식도 전해졌다. 백범은 이를 받아들였다. 그리고 저녁 8시 라디오 방송을 통해 선전부장 엄항섭으로 하여금 '국민들이 질서정연한 시위로 반대 의사를 표현한 데 대해 경의를 표한다'고 하면서, 다음과 같은 방송을 하였다.

우리의 모든 행동은 그 목적이 신탁통치를 반대하는 데 있고 결단코 동맹군의 정군政軍을 반대하든가 혹은 우리 동포생활에 하등의 곤란을 주자는 데 있지도 아니합니다. 더욱이 오늘 워싱턴으로부터 들어온 외신에 의하면 미국 국무경 번즈는 한국에 신탁통치를 실행하지 아니할 가능성이 있다는 뜻을 보여주었다고 합니다. 그러므로 우리는 일단 원상을 회복하는 것이 마땅할 것입니다.

백범의 방송을 통해 거센 태풍은 일단 가라앉았다. 그렇지만 여풍은 계속되었다. 미 군정이 국자포고를 주도한 정치공작대 본부인 낙산장을 수색하여 관련 서류를 모두 압수해 갔고, 1946년 1월 3일에는 신익희를 CIC(Counter Intelligence Corps: 광복 직후 남한에서 활동한 미군 24군단 소속 첩보 부대)본부로 연행하여 구금하였다. 신익희는 다음 날 무죄로 석방되었지만, 이 과정에서 정치공작대의 실체가 드러났다.

여풍은 여기에서 그치지 않았다. 미 군정이 임시정부에 대해 사실상 해체 공작을 추진한 것이다. 이 사건을 계기로 미 군정은 임시정부를 자신들의 정권에 도전하는 위험한 존재로 여기게 되었고, 협력 대상에서도 배제시켰다. 그리고 비밀리에 임시정부에 대한 해체 공작을 진행하였다. 미 군정 사령관 하지 중장이 1946년 1월 18일에 '임시정부를 분쇄해야 한다'며 지금이 임시정부의 권위를 빼앗을 적절한 시기라는 내용의 훈령을 내렸다.

비상국민회의를 통해 과도정권 수립을 추진하다

국내로 환국하면서, 백범이 임시정부 주석으로 천명한 것이 있었다. 27년 동안 중국에서 유지해온 임시정부를 국민들에게 봉환하고, 이를 위해 과도정권을 수립하고자 하였다. 그러나 미 군정이 유일한 정부임을 자처하며 통치하는 상황에서 과도정권을 수립하는 것은 현실적으로 어려웠다. 이러한 현실에서 백범은 반탁운동을 이용하여 미 군정으로부터 정권을 접수하고자 시도하였다.

그러나 미 군정으로부터 정권을 접수하려는 시도는 좌절되었다. 이에 백범은 다른 방법을 찾았다. 1946년 1월 4일에 발표한 「통일공작에 대한 성명」을 통해 "남의 손을 기대할 것 없이 우리의 손으로 신속히 강고한 과도정권을 수립하자"며, 이를 위해 각계각층의 민주영수들을 망라하여 비상정치회의를 소집할 것을 주장하였다. 비상정치회의는 좌우익각 정당, 사회·종교 단체 등과 통합하여 임시정부를 확대 및 강화하고, 이를 기반으로 과도정권을 수립하려는 방안이었다.

백범은 이를 추진해 나갔다. 1월 7일에는 4당 대표들을 만났고, 9일에는 국민당·한국민주당·신한민족당·조선인민당·조선공산당의 5당 대표들을 초청하여 만남을 가졌다. 백범은 이를 비상정치회의 예비 회담으로 규정하고, 이들 정당을 통일하여 임시정부를 확대하고 강화하려는 생각이었다. 그러나 공산당과 인민당이 이에 반대하면서, 통합 문제는 실효를 거두지 못하였다.

좌익 측과 합의가 이루어지지 않았지만, 백범은 더 이상 기다릴 수 없었다. 미소 양군 대표들이 1월 16일에 덕수궁에서 미소공동위원회를 개최했기 때문이다. 미소공동위원회는 모스크바 3상회의에서 결의한 신탁통치 문제를 실행하기 위한 회의였다. 백범은 서둘러 한국독립당(조완구)·한국민주당(서상일)·국민당(안재홍)·신한민족당(권태석)·조선민족혁명당(성주식)·신한민주당(김붕준) 등의 대표 21명을 소집하여 1월 20일에 비상정치회의 주비회의(주비회의)를 개최하였다.

주비회의가 열렸지만, 회의는 백범의 의도와 다른 방향으로 진행되었다. 미 군정이 과도정권 수립을 막고, 방향을 다른 곳으로 틀었기 때문이다. 하지 사령관이 "과도정부를 수립하기 전에 임시정부를 분쇄해야 한다"는 지령을 내리고, 주비회의를 미 군정의 자문기관으로 변질시키고자 한 것이었다. 이승만과 독립촉성중앙협의회가 주비회의에 참여해 오면서 미 군정의 이러한 의도가 드러났다. 이들은 처음에는 반대하며 참여하지 않고 있다가 4일차 회의부터 참가하였다.

이승만과 독립촉성중앙협의회가 참여하면서 명칭부터 바뀌었다. 비상정치회의 주비회와 독립촉성중앙협의회를 통합하고, 명칭을 비상국민회의 주비회라고 하였다. 비상정치회의가 비상국민회의로 바뀐 것이었다. 방향이 틀어지면서, 임시정부 국무위원들이 탈퇴하였다. 국무위원 중 혁신계열의 김원봉·장건상·성주식·김성숙이 '이 박사와 독립촉성중앙협의회가 다른 방향으로 인도한다'는 것, 그리고 '좌익이 참가하지 않은 단결은 비민주주의적이다'라며 탈퇴한 것이다. 이들이 탈퇴하면서 임시정부는 큰 타격을 입게 되었다. 중경에서 1944년에 이루어진 좌우연합정부는 그 의미가 상실되었다.

명칭은 바뀌었지만, 백범은 비상국민회의를 창립하고, 이를 통해 과도정권을 수립하고자 하였다. 그리하여 1946년 2월 1일에 각계 인사 195명이 참가한 가운데, 명동 천주교회당에서 비상국민회의 창립대회를 열었다. 비상국민회의는 일종의 국회였고, 임시정부의 국회 역할을 하던 임시의정원을 계승한 기구였다. 의장과 부의장도 임시의정원에서 의장과 부의장을 맡았던 홍진과 최동오崔東旿를 그대로 선출하였다.

비상국민회의가 결성되면서, 과도정권 수립이 추진되었다. 임시정부의 헌법인 대한민국임시헌장을 기초로 하여 헌법·선거법·의정원법을 현실에 맞게 제정하기로 하고, 김병로·이인·김준연·신익희 등을 기초

위원으로 선정하였다. 법률을 제정하고, 임시정부 주도하에 제정한 법률을 근거로 선거를 실시하여 과도정권을 수립하려고 한 것이다. 그러나 이러한 시도는 최고정무위원회가 설치되면서 좌절되었다.

최고정무위원회 설치는 비상국민회의 창립 당시에 제기되었다. 창립대회에서 과도정권 수립을 위해 최고정무위원회를 설치하자는 것, 그리고 정무위원 선출은 이승만과 김구에게 일임하자는 건의안이 제출되어 통과되었다. 이에 백범은 이승만과 함께 각 정당 및 단체에서 28명을 선정하여 2월 13일에 발표하였다. 최고정무위원회는 임시정부의 국무위원회와 같은 것으로, 임시정부를 대체할 새로운 '정부'를 수립하고자 한 것이었다.

그러나 최고정무위원회는 하룻밤 사이에 명칭과 성격이 바뀌어 버렸다. 최고정무위원회 결성식이 2월 14일에 열렸는데, 다음 날에 명칭이 남조선대한국민대표민주의원(민주의원)으로 바뀌었다. 명칭만 바뀐 것이 아니라 성격도 달라졌다. 이승만이 결성식에서 민주의원이란 명칭을 사용하면서, 민주의원은 미 군정의 자문기관임을 강조하였다. 이는 사전에 협의된 것이 아니었다. 백범은 성립식을 거행하면서 민주의원이라는 명칭은 물론이고 미 군정의 자문기관이라는 점은 전혀 언급하지 않고, 비상국민회의 최고정무위원회라고만 언급하였다.

최고정무위원회가 민주의원으로 명칭이 바뀌고, 민주의원의 성격을 미 군정의 자문기관으로 한 것은 굿펠로우Preston M. Goodfellow의 공작이었다고 한다. 굿펠로우는 하지 사령관의 특별정치고문이었고, 이승만과는 친구이자 사설 고문 역할을 하고 있던 인물이었다. 굿펠로우는 이승만과 함께 백범을 비롯한 임시정부 세력을 끌어들여 비상국민회의를 조직한 후, 최고정무위원회를 민주의원으로 명칭을 바꾸고, 성격도 미 군정의 자문기관으로 하는 공작을 수행하였다고 한다.

민주의원의 성격은 분명하게 정립되지 않았지만, 조직은 갖추어졌다. 의장 이승만, 부의장 김규식, 국무총리 김구가 임명된 것이다. 그리고 산하에 내무부, 외무부, 국방부, 재무부, 문교부, 법무부, 치안부, 농림부, 상공부, 광무부, 교통부, 우정부, 후생부, 공보부 등 14개 부서가 설치되었다. 이는 외형적으로 과도정부의 형태를 띠었다고 할 수 있다. 그렇지만 14개 부서의 책임자는 선임되지 않았다.

민주의원을 과도정부 수립으로 볼 수도 있지만, 백범과 임시정부 요인들은 민주의원을 받아들이지 않았다. 비상국민회의 의장 홍진도 비상국민회의와 민주의원은 서로 다른 것임을 선언하였고, 이를 과도정부로 여기지 않았다. 그리고 과도정권을 수립하기 위한 다른 방안을 모색해 나갔다.

국민의회를 통해 과도정권을 수립하다

비상국민회의를 통해 과도정권을 수립하려는 시도가 좌절되었지만, 백범은 과도정권 수립을 포기할 수 없었다. 국민들에 대한 약속 때문이었다. 중국에서 해방을 맞았을 때, 국민들을 향해 임시정부를 국내에 돌아가 국민들에게 봉환한다는 방침을 밝히고, 그 방법으로 과도정권을 수립한다고 하였던 것이다. 백범은 1947년을 맞아 다시 반탁운동을 전개하면서, 재차 과도정권 수립을 추진하였다.

백범이 다시 반탁운동을 일으킨 데는 두 가지 계기가 있었다. 우선 1946년 12월에 반탁운동 1주년을 맞은 것이 계기였다. 백범은 1주년을 맞아 이승만과 반탁운동을 다시 전개하기로 하고, 12월 27일에 반탁운동을 재개하는 성명을 발표하였다. 독립촉성국민회가 12월 28일부터 1월 5일까지를 반탁 주간으로 설정하고, 전국학생총연맹은 "탁치 절대 반대와 자주독립 완수를 위해 최후의 한 사람까지 최후의 일각까지 투쟁한다"는 성명을 발표하면서 반탁운동이 불붙기 시작하였다.

다른 하나는 미소공동위원회를 재개한다는 하지 사령관의 발표였다. 하지 사령관은 1월 11일에 그동안 소련 측과 오간 서신 내용을 공개하고, 1946년 5월에 무기 휴회된 미소공동위원회를 재개할 것이라고 하였다. 미소공동위원회 재개도 그렇지만, 문제는 미소공동위원회에 참가할 한국 측의 대상이었다. 참가 대상을 모스크바 3상회의의 결정을 지지하는 단체로 제한한것이었다. 이는 재개 협상을 하면서 소련 측의 의견을 그대로 받아준 것이었고, 결과적으로 우익 진영은 배제한다는 것이나 마찬가지였다.

하지 사령관의 발표가 있은 후, 백범은 비상국민회의 민주의원 등 우익단체 대표들과 대응책을 협의하였다. 그리고 1월 14일에는 하지 사령관을 찾아갔다. 백범은 하지 사령관에게 "작년 반탁운동 때는 귀하가 아직 신탁은 오지 않았으니 앞으로 반탁운동을 할 기회가 있다고 해서 참았지만, 이제는 생명을 걸고 반탁을 하겠다"고 하였다.

백범은 반탁운동에 나섰다. 방법은 제1차 반탁운동과 같은 형태였다. 국민총동원위원회를 결성하였듯이, 이번에는 반탁독립투쟁위원회를 결성하였다. 반탁독립투쟁위원회는 비상국민회의와 독립촉성국민회 등을 비롯하여 우익 진영의 35개 정당 및 사회단체가 참여하여 1947년 1월 24일에 결성하였고, 백범이 위원장을 맡았다. 부위원장에는 조소앙·조성환·김성수가 선임되었고, 이승만은 최고 고문으로 추대되었다.

백범은 반탁독립투쟁위원회를 중심으로 반탁운동을 전개해 나갔다. 2월 14일에는 천도교 대강당에서 51개 단체가 참여한 가운데 반탁독립 궐기대회를 개최하였다. 이 대회에서 '신탁통치 결사반대, 자주독립이 달성될 때까지 결사투쟁' 등의 결의안이 채택되었다. 그리고 38선 철폐와 남북 공동의 자유선거를 통한 자주정부 수립을 요구하는 서한을 미·중·소·영·프 등 연합국 대통령에게 전달하였다.

백범은 반탁운동을 전개하면서, 다른 한편으로는 과도정권 수립을 추진하였다. 방안은 임시정부를 확대하고 강화한 것을 기반으로 과도정권을 수립한다는 것이었다. 백범이 또다시 반탁운동에 나서고 과도정권을 수립하려고 한 것은 우리 민족의 문제를 더 이상 강대국에 기대지 말고, 우리 민족 스스로 해결해야 한다는 생각을 했기 때문이다. 다음의 글에서 백범의 이러한 생각이 잘 드러난다.

나 자신도 적지 아니한 과오로 인하여 나를 열렬히 애호하고 격려하여 주는 동지 동포 여러분의 기대에 저버린 바가 없지 아니하였다. 더욱 민주의원 창립과 미소공동위원회 제5호 성명에 관한 서명과 또 최근 좌우합작 개시 등을 통하여 의존적 희망을 가졌던 까닭에 여러분에게 누를 끼친 바가 적지 아니하였다.

그동안 민주의원 창립에 찬성한 것, 미소공동위원회 성명 제5호에 서명한 것, 좌우 합작에 기대를 걸었던 것 등에 대해 반성한 것이다. 이는 미 군정에 협력하여 우리 민족의 문제를 해결하려는 의존적 희망이었다고 하였다. 그렇지만 결과적으로 아무런 성과를 거두지 못하였으니, 강대국에 의존하지 말고, 우리 민족의 문제는 우리가 직접 해결하지 않으면 안 되겠다는 생각이다.

백범은 임시정부를 확대 및 강화하고, 이를 기반으로 과도정권을 수립한다는 방침을 결정하였다. 그 방법으로 비상국민회의를 중심으로 우익 진영 세력의 통합을 추진하였다. 백범을 비롯하여 87명의 대의원이 참가한 가운데 2월 14일에 비상국민회의 제2차 전국대의원대회가 열렸다. 독립촉성국민회 측에서 미국에 가 있던 이승만이 통합에 대해 보류하라는 전문이 있었다며, 통합에 대한 반대 의견이 개진되기도 하였다. 그러나 2월 17일에 속개된 세 번째 회의에서 비상국민회의의 명칭을 대한민국 국민의회(국민의회)로 개칭하기로 하고, 통합문제는 상임위원회에 일임하기로 결정되었다.

국민의회는 임시정부의 입법기구였던 임시의정원과 비상국민회의를 이은 것으로, 과도정권 수립을 위한 입법기구이자 국회였다. 국민의회도 조직 대강을 통해 "국민의회는 대한민국의 국회로서 국가의 최고결의기관임(총칙 제1조)"이라고 하였다. 국민의회 의장은 조소앙이 선출되었고, 부의장은 유림이 선출되었다.

백범은 국민의회를 통해 과도정권 수립을 추진하였다. 비상국민회의를 통해 시도한 것과 같은 방법이었다. 과도정권 수립은 임시정부를 확대, 강화하고 봉대하는 방법으로 추진되었다. 이는 비밀리에 추진되어 그 과정을 정확히 파악할 수는 없지만 당시 과도정권 수립에 참여했던 인사들이 남긴 글을 통해 대략 짐작할 수 있다.

인사들이 남긴 글을 보면 과도정권 수립을 추진한 별도의 기구인 한국혁명위원회가 있었던 것으로 보인다. 한국혁명위원회는 독립촉성국민회의 주요 간부인 조성환·정인보·김석황·김승학·조상항, 자유사회건설자연맹의 이을규·이정규·유정렬 등이 연계하여 조직한 것이라고 한다. 그리고 한국혁명위원회 산하에 전위 역할을 담당하는 대한민국특별행동대총사령부라는 조직을 두었던 것 같다. 특별행동대총사령부는 독립촉성국민회 지방조직원 중에서 선발하였고, 전국적 규모의 행동조직이었던 것으로 보인다.

과도정권 수립은 반탁운동을 전개하면서, 그리고 3·1절을 기해 임시정부를 봉대하는 형식으로 계획되었다. 반탁독립투쟁위원회의 주도로 대규모 반탁운동을 전개하고, 3·1절 기념식 때 독립촉성국민회가 전국국민대표자대회를 소집하여 임시정부 봉대와 임시정부의 과도정부 추대를 결의한다는 것이었다. 한국혁명위원회는 이러한 계획하에 3월 1일에 임시정부 봉대와 임시정부의 과도정부 추대를 결의하고, 이를 국민의회에 건의하였다.

국민의회는 한국혁명위원회의 건의를 받아들이는 형식으로 과도정권을 수립하였다. 국민의회의 과도정권 수립은 임시의회를 통해 이루어졌다. 국민의회는 1947년 3월 3일에 제41회 임시의회를 개최하였다. 그리고 이를 통해 결원이 된 국무위원을 보선하고, 다음과 같은 과도정권을 수립하였다.

- 주　석: 이승만
- 부주석: 김구
- 국무위원: 이시영, 조소앙, 조완구, 조성환, 황학수, 박찬익, 이청천,
　　　　　조경한, 유림, 조만식, 김창숙, 박열, 이을규, 오세창

　　과도정권의 주석은 이승만, 부주석은 김구였다. 그리고 기존의 국무
위원이었다가 탈퇴한 김원봉·장건상·김성숙·성주식과 결원이 된 차
리석·김붕준 대신에 오세창·김창숙·박열·이청천·조만식·이을규 등
6명을 새로이 국무위원으로 보선하였고, 각 부서 책임자는 주석과 부주
석에게 일임하기로 하였다. 이로써 임시정부를 봉대하는 형식으로 과도
정권이 수립되었다.

　　과도정권을 수립하였지만, 이는 공포되지 못하였다. 국민의회는 과도
정권 수립을 3월 6일에 공포하기로 하였지만, 미 군정이 이를 저지하였
고, 또 이승만이 동조하지 않았기 때문이다. 과도정권 수립을 파악한 미
군정은 3월 5일에 엄항섭과 김석황을 체포하였다. 그리고 정부 수립을
선포하면 반란 행위로 처벌할 것이며, 임시정부가 행동을 개시하면 조
소앙·조성환·조경한을 체포하라는 명령을 내렸다. 미국에 있던 이승만
도 백범에게 "내가 도착할 때까지 기다리라"는 전보를 보내왔다.

　　과도정권을 수립한 후, 백범은 두 가지 일을 추진하였다. 첫 번째는
중국에 있는 주화대표단에 명령하여 미국·영국·중국·프랑스·소련 등

軍政反對는反美

行政權委讓은準備進行

『러-』長官·記者團에言明

某團體의怖告文

行政權移讓問題

브라운 소장에게 임시정부에 통치권 이양을 요구
한 것을 보도한 기사(『동아일보』 1947. 3. 7.)

5개국에 "한국인이 자주적으로 정부
를 조직하는 것을 승인하라"는 요구
서를 제출하라고 한 것이다. 이는 열
강들에게 과도정권 수립을 승인받으
려는 시도였다.

두 번째는 브라운Frederick Harris Brown
소장을 만나 통치권을 임시정부로 이
양할 것을 요구하였다. 백범은 3월
5일에 조완구·이시영·유림과 함께
덕수궁에서 브라운 소장을 만났다. 이
자리에서 백범은 해방 직후 중국전구
사령관 웨드마이어의 이야기를 꺼내
며, 정권을 임시정부에 이양할 것을
요구하였다. 웨드마이어는 미 국무성
이 임시정부를 승인하지 않는 이유에
대해 해외 정권을 승인한 후 국내에도
정권이 수립되면 두 정부를 모두 승인

할 수 없다는 것, 임시정부를 국내 인사들이 전적으로 지지한다고 할 수
없다는 두 가지를 언급한 일이 있는데, 국내의 사정으로 보면 미 국무성
에서 내세운 두 가지 조건이 모두 다 해소되었다는 것이 백범의 논리였
다. 그러나 브라운 소장은 "그러한 일이 있었다 하더라도 그 당시 미국
의 견해와 현재의 정세가 다르다"고 하며, 정권을 이양할 수 없다고 하

였다.

과도정권을 수립하였지만, 과도정권은 그 기능과 역할을 수행하지 못하였다. 미국에서 돌아온 이승만이 주석에 취임하지 않았기 때문이다. 이승만은 과도정부를 내세우지 말고 잠복 상태로 있다가 정식정부가 수립된 이후에 임시의정원과 임시정부의 법통을 전임시키자고 주장하고, 남한만이라도 총선거를 실시하자고 주장하며 주석을 사임하였다. 이로써 과도정부는 그 역할을 수행할 수 없게 되었다.

단독정부 수립을 반대하고 자주통일국가 건설을 추진하다

반탁운동과 과도정권 수립 추진과 함께, 백범이 추진한 것이 또 하나 있었다. 단독정부 수립을 반대하고, 자주통일정부 수립을 추진한 것이다. 백범은 독립운동을 주도하면서 일제가 패망하는 즉시 한국은 독립국이 되어야 한다고 생각하고 있었다. 이는 그의 신념이자 독립운동을 추진한 목표이기도 했다.

그러나 일제 패망과 더불어 미소 양군이 38선을 경계로 한반도를 분할 점령하면서, 국토는 분단되었다. 이러한 상황에서, 남북에서 각각 단독정부를 수립하려는 움직임이 일어났다. 북쪽에서는 1946년 2월에 사실상 정부나 다름없는 북조선임시인민위원회를 결성하였고, 남쪽에서도 이승만이 6월에 단독정부 수립을 주장하였다.

백범은 미소에 의한 국토의 분단도, 남북에 단독정부가 수립되는 것도 받아들일 수 없었다. 남에서 단독정부를 수립하면, 북에서도 정부를 수립할 것이고, 그렇게 되면 민족도 분단되기 때문이었다. 이에 백범은 남한에서 일어나고 있는 단독정부 수립을 반대하고, 통일국가 건설을 추진하였다.

그러나 1947년 후반기에 들어서면서 국제정세와 국내상황은 그의 의도와 다르게 흘러갔다. 냉전체제가 성립되면서 미소가 대립 관계로 돌아섰고, 제2차 미소공동위원회도 결렬되었다. 이로써 한국문제는 미국과 소련이 해결할 수 없는 상황이 되었고, 결국 한국문제는 1947년 9월에 유엔으로 넘겨졌다. 미국을 방문하고 돌아온 이승만은 국민의회에서 설립한 과도정권을 부정하고, "38 이남은 고사하고 한 도道에나 한 군郡만이라도 정부를 세워야 한다"며, 단독정부 수립을 적극적으로 추진하기 시작하였다.

단독정부 수립이 가시화되자, 백범은 단독정부 수립을 반대하면서 통일국가 건설을 추진하기 시작하였다. 통일국가 건설 문제는 다양하게 제시하였지만, 한국독립당 중앙집행위원회 결의를 통해 그 방향을 잡았다. 1947년 10월에 개최된 중앙집행위원회에서 남북대표회의를 조직하여, 미소 양군을 철퇴한 이후에 남북통일선거를 실시하여 국민의회 완성하고 중앙정부를 조직하여 우방국과 교섭할 것을 결의하였다. 이를 통해 통일국가를 건설한다는 방안을 결정한 것이었다.

백범은 이를 위해 김규식과의 연계를 추진하였다. 김규식은 좌우합작운동을 추진하였고, 이것이 좌절된 후에는 민족자주연맹을 결성하여 활동하면서 남북총선거와 남북지도자회의 등을 주장하고 있었다. 백범이 주도하는 한국독립당은 1947년 11월에 김규식이 주도하는 민족자주연맹을 비롯한 중도파의 정당들과 함께 12개 정당협의회를 결성하고, '자주독립의 민주주의 통일정부'를 수립한다는 원칙에 합의를 이루었다. 그리고 38선 철폐, 남북교류 보장, 전국적 총선거를 실시한다는 전제하에, 미소 양군의 철수와 남북정당대표회의 구성을 결의하였다.

백범이 김규식과 연계를 추진하는 동안, 유엔에서 한국문제 해결방안이 결정되었다. 남북한 총선거를 실시하여 통일정부를 수립하고 미소 양군을 철수시킨다는 전제하에, 이를 관리 감시하기 위해 캐나다·중국·호주·엘살바도르·프랑스·인도·필리핀·시리아·우크라이나 등 9개국 대표로 구성된 유엔한국임시위원단을 파견하기로 결정하였다.

유엔위원단은 1948년 1월 8일에 한국에 도착하여 활동을 시작하였다. 유엔위원단은 한국문제에 대해 협의할 대상으로 남쪽의 김구·이승만·김규식·김성수, 북쪽의 김두봉·김일성·박헌영·조만식을 선정하였다. 그러나 북쪽에서는 이들의 입국을 허락하지 않았다. 이에 유엔위원단은 1월 26일부터 남측의 인사들을 만났다.

백범은 이승만에 이어 유엔위원단을 만나서 6개항의 요구 사항이 담긴 다음과 같은 의견서를 제출하였다.

1. 우리는 전국을 통한 총선거에 의한 한국의 통일된 완전 자주정부만의 수립을 요구한다.
2. 총선거는 인민의 절대자유의사에 의하여 실현될 수 있게 되기를 요구한다.
3. 북한에서 소련이 입경을 거절하였다는 구실로써 유엔이 그 임무를 태

유엔한국위원단에 통일된 자주적 정부수립 방안을 제출한 백범(뒷줄 왼쪽에서 세 번째)

만히 하지 아니할 것을 요구한다.

4. 현재 남북한에서 이미 구금되어 있으며 혹은 체포하려는 일체 정치범을 석방하기를 요구한다.

5. 미소 양군은 즉시 철퇴하되 소위 진공상태로 인한 기간의 치안책임은 유엔에서 일시 부담하기를 요구한다.

6. 남북 한인지도자 회의를 소집함을 요구한다.

백범의 요구 사항은 자주통일정부를 수립한다는 전제로, 미소 양군이 철퇴하고 남북한인지도자회의를 통해 한국문제를 해결하겠다는 것이었다. 특히 남북한인지도자회의 소집을 요구하면서, "한국문제는 결국 한인이 해결할 것이다. 만일 한인 자체가 한국문제 해결에 관하여 공통되는 안을 작성치 못한다면 유엔의 협조도 아무런 공이 없을 것이다"라고 하여, 남북지도자회의를 통해 한국문제를 해결해야 한다는 주장을 개진하였다.

백범은 유엔위원단과 협의를 마치고 나와서 별도로 성명을 발표하였다. 성명의 핵심 내용은 "미소 양군이 철퇴하지 않고 있는 남북의 현재 상태로는 자유스러운 분위기를 가질 수 없으므로 양군이 철퇴한 후 남북요인회담을 통하여 총선거 준비를 한 후 선거를 통해 통일정부를 수립해야 한다"는 것이었다.

백범이 제출한 요구 사항과 성명이 발표되자, 단독정부 수립을 추진하던 세력들이 백범에 대해 비난을 퍼붓기도 하였다. 한국민주당이 중심이 된 한국독립수립대책협의회에서 "우리는 금후에는 김구를 조선민족의 지도자로는 보지 못할 것이고 크레믈린궁의 한 신자라고 규정하지 않을 수 없다"는 내용의 성명서를 발표한 것을 비롯하여, 여러 단체와 개인들이 비난하는 성명을 발표하였다.

그러나 백범은 자신의 뜻을 굽히지 않았다. 2월 4일에는 김규식과 만나 북한의 김일성과 김두봉에게 남북요인회담을 제의하는 서한을 보내기로 하고, 2월 6일에는 유엔위원단의 메논 의장을 만나 남북요인회담 문제를 협의하였다. 그리고 2월 10일에는 「3천만 동포에게 읍고함」이란 성명서를 발표하고, 단독정부 수립에 협력하지 않겠다는 것과 통일국가 건설에 대한 의지를 다시 한번 천명하였다.

통일하면 살고 분열하면 죽는 것은 고금의 철칙이니 자기의 생명을 연장하기 위하여 남북의 분열을 연장시키는 것은 전 민족을 사갱死坑에 넣는 극악극흉의 위험일 것이다. ……

나는 통일된 조국을 건설하려다가 38선을 베고 쓰러질지언정 일신一身의 구차한 안일을 취取하여 단독정부를 세우는 데는 협력하지 아니하겠다.

백범은 김일성과 김두봉에게 남북요인회담을 제의하였다. 백범은 김두봉에게 남북요인회담을 제의하는 서신을 작성하고, 이를 유엔위원단 캐나다 대표를 통해 영국과 소련을 통해 북한으로 전달하였고, 서울에 있는 소련군대표부에게도 전달하였다. 북한에서 연락이 온 것은 한 달이 지나서였다. 북한은 3월 25일 평양방송을 통해 평양에서 남북조선제정당사회단체대표자연석회의를 개최한다고 하였고, 김일성과 김두봉 명의로 된 답신도 도착하였다.

그동안 유엔에서는 남한만의 단독선거를 결정하였다. 유엔소총회에서 남한만의 총선거를 권고한 미국 측의 제안이 2월 26일에 통과되었다. 그리고 미 군정 사령관 하지는 특별성명을 통해 5월 9일(후에 10일로 정정)에 선거를 실시한다고 발표하였다. 이로써 남한만의 단독정부 수립이 가시화되었다.

백범은 김규식·조소앙·김창숙·조완구·홍명희·조성환 등과 '7거두성명'을 발표하며 단독정부 수립에 대해 강력히 반대하였다. '7거두성명'을 통해 남한만의 총선거와 북한의 인민공화국 헌법 제정을 비판하면서, 남북에 각각 정부가 들어서면 민족적 참화를 가져올 것이라고 하였다. '7거두성명'의 내용은 다음과 같다.

미소 양국이 군사상 필요로 일시 설정한 소위 38선을 국경선으로 고정시키고 양 정부 또는 양 국가를 형성하게 되면 남북의 우리 형제 자매가 미소전쟁의 전초전前哨戰을 개시하여 총검銃劍으로 서로 대하게 될 것이 명약관화明若觀火한 일이니 우리 민족의 참화가 이에서 더할 것이 없다. ……
반쪽이나마 먼저 독립하고 그 다음에 반쪽마저 통일한다는 말은 일리가 있는 듯하되 실상은 반쪽 독립과 나머지 반쪽 통일이 다 가능성이 없고 오직 동족상잔同族相殘의 참화를 격성激成할 뿐일 것이다.

백범에게는 임시정부를 유지하고 운영하면서 가졌던 경험이 있었다. 좌우익 독립운동 단체들이 서로 분립하여 대립하였던 실상을 보았기 때문에 남북에 각기 정부가 수립되면, 우리 민족의 의도와는 달리 미소의 앞잡이가 되어 전쟁을 일으키는 민족의 참화를 겪게 될 것이라고 하였다. 통일국가 건설은 민족의 참화를 막는 것이기도 하였다. 그리고 임시정부 주석으로 있을 때, 좌익 진영의 세력들과 통일을 실현하고, 좌우연합정부를 구성한 경험도 있었다. 이러한 경험이 남북요인회담을 추진하게 한 것이었다.

백범은 4월 19일에 평양을 향해 떠났다. 그리고 5월 5일에 서울로 귀환할 때까지 평양에서 북한의 지도자들과 만나 남북협상을 전개하였다. 남북협상에는 김규식을 비롯하여 조소앙과 홍명희 등 많은 인사와 단체들이 참가하였다. 남북협상은 크게 두 개의 회의로 열렸다. 하나는 남과

남북연석회의에 참석하여 모란봉 극장에서 축사하는 백범(1948. 4. 21.)

북의 정당 및 단체 대표들이 참가한 남북조선제정당사회단체대표자연
석회의였고, 다른 하나는 남북 요인 15명이 참가한 남북조선정당사회
단체지도자협의회였다. 그리고 김구·김규식·김일성·김두봉이 참여한
'4김회담'도 가졌다.

　백범이 회의에 참석한 것은 4월 22일이었다. 회의는 남한에서 올라
간 인사들의 입장으로 시작되었고, 백범은 조소앙·조완구·홍명희와 함
께 주석단으로 보선되었다. 그리고 단상에 올라 우리 민족이 일제의 침
략으로 고난받았던 일과 민족이 단합하여 통일정부를 세워야 한다는 취
지의 연설을 하면서, 남쪽에서의 단독정부 수립에 반대하며, 북쪽에서
단독정부를 세우는 데도 반대한다고 하였다.

남북협상을 통해 통일정부를 수립하는 문제 등에 대한 논의가 이루어졌다. 그리고 「조선정치정세에 관한 결정서」, 「전조선동포에게 격檄함」, 「남북조선제정당사회단체공동성명서」 등을 채택하여 발표하였다. 이 중 공동성명서는 통일정부 수립에 대한 방안을 담고 있다.

남북조선제정당사회단체공동성명서

1. 우리 강토에서 외국군대가 즉시 철거하는 것이 조선 문제를 해결하는 유일한 방법
2. 외국군대가 철퇴한 후에 내전이 발생할 수 없음을 확인
3. 전조선정치회의를 소집하여 임시정부를 수립하고, 통일적 입법기관을 선거하여, 통일적 민주정부를 수립해야 한다는 것
4. 남조선 단독선거의 결과를 인정하지 않을 것

이것이 남북협상을 통해 이루어진 통일정부 수립 방안이었다. 방안은 '미소 양군 철퇴 → 전조선정치회의 소집 → 임시정부 수립 → 통일적 입법기관 → 통일적 민주정부 수립'이었다.

남북협상을 통해 통일정부 수립 방안이 결정되었지만, 이는 실행에 옮겨지지 못하였다. 남과 북에서 실행할 의지가 없었고, 무엇보다도 별도로 정부 수립을 추진한 것이 가장 큰 요인이었다. 북쪽에서는 남북협상이 진행되던 4월 29일에 단독 정부 수립을 위한 헌법초안통과회의를 가졌고, 남쪽에서는 5월 10일에 남한만의 총선거를 실시하였다.

문화국가 건설과 세계 평화에 대한 꿈을 무덤 속으로 가져가다

백범은 빼앗긴 나라를 되찾아 새로운 독립국가를 건설하고자 하는 데 온 삶을 다 바쳤다. 그가 건설하고 싶었던 국가는 독립국가, 자주국가, 통일국가였다. 이와 더불어 백범은 문화국가를 건설하여 진정으로 세계 평화를 실현하고자 하였다.

백범은 '문화국가'를 건설하고 싶어 했다. 문화의 힘이 우리 자신을 행복하게 만들고, 남도 행복하게 만들 수 있다는 생각에서 비롯된 것이었다. 백범은 「내가 원하는 우리나라」에서 이를 다음과 같이 언급하였다.

> 나는 우리나라가 세계에 가장 아름다운 나라가 되기를 원한다. 가장 부강한 나라가 되기를 원하는 것은 아니다. 내가 남의 침략에 가슴이 아팠으니 내 나라가 남을 침략하는 것을 원치 아니한다. 우리의 부력富力은 우리의 생활을 풍족히 할 만하고 우리의 강력強力은 남의 침략을 막을 만하면 족하다. 오직 한없이 가지고 싶은 것은 높은 문화의 힘이다. 문화의 힘은 우리 자신을 행복 되게 하고 나아가서 남에게 행복을 주기 때문이다.

백범이 원한 것은 부강한 나라도 아니고, 강력한 나라도 아니었다. 그는 높은 문화의 힘을 가진 나라를 원했다. 문화가 가지고 있는 힘을 알았기 때문이다. 문화의 힘은 우리 자신을 행복되게 하고, 남에게도 행복을 줄 수 있다는 것이 그의 생각이었다.

백범은 문화국가를 건설하기 위한 전제 조건으로 두 가지를 꼽았다. 하나는 사상의 자유를 확보하는 정치제도였고, 다른 하나는 국민교육의 완비였다. 백범은 「나의 소원」이란 글에서 자신의 정치이념을 '자유'로 표현하면서 우리가 세우는 나라는 '자유의 나라'이며, 이러한 자유의 나라에서 인류의 가장 크고 높은 문화가 발생할 것이라고 하였다.

또 하나는 교육을 꼽았다. 백범이 교육의 중요성을 강조한 것은 수준 높은 교육이 있어야 수준 높은 문화국가를 이룰 수 있다고 보았기 때문이다. 수준 높은 문화국가를 건설하려고 한 것은 세계 인류가 모두 우리 민족의 문화를 사모하도록 만들려는 의도가 있었다. 백범은 "나는 우리의 힘으로, 특히 교육의 힘으로 반드시 이 일이 이루어질 것을 믿는다. 우리나라의 젊은 남녀가 다 이 마음을 가질진대 아니 이루어지고 어찌하랴"고 하였다. 문화국가를 건설하는 기초는 바로 교육에 있다는 것이었다.

독립·자주·통일·문화국가와 더불어 백범이 궁극적으로 지향한 것이 있었다. 바로 세계 평화였다. 백범은 자신이 추구하는 이상을 한마디로 "세계 인류가 네요 내요 없이 한집이 되어 사는 것"이라고 하였다. 이를 위해 우리 문화가 최고 문화로 인류의 모범이 되기를 원하였고, 진정한 '세계의 평화'가 우리나라에서 시작되어 세계에 실현되기를 바랐다.

백범은 세계 인류가 평화롭게 살아갈 수 있는 사회를 건설할 수 있다고 생각하였고, 그 방법을 다음과 같이 설명하였다.

현실의 진리는 민족마다 최선의 국가를 이루어 최선의 문화를 낳아 길러서 다른 민족과 서로 바꾸고 서로 돕는 일이다. 이것이 내가 믿고 있는 민주주의요. 이것이 인류의 현 단계에서는 가장 확실한 진리다. 그러므로 우리 민족으로서 하여야 할 최고의 임무는, 첫째로 남의 절제도 아니 받고 남에게 의뢰도 아니하는 완전한 자주독립의 나라를 세우는 일이다. 이 것이 없이는 우리 민족의 생활을 보장할 수 없을 뿐더러, 우리 민족의 정신력을 자유로 발휘하여 빛나는 문화를 세울 수가 없기 때문이다. 이렇게 완전 자주독립의 나라를 세운 뒤에는, 둘째로 이 지구상의 인류가 진정한 평화와 복락을 누릴 수 있는 사상을 낳아 그것을 먼저 우리나라에 실현하는 것이다.

백범이 문화국가를 건설하고자 한 궁극적인 목표는 세계 평화였다. 민족마다 최선의 문화를 갖고, 그 문화의 기초 위에 각 민족이 서로 돕고 사는 세계를 실현하고자 하였다. 그 단계는 우선 남의 간섭이 없는 완전한 자주독립국가를 건설해야 하고, 민족의 정신력과 문화를 발휘하는 문화국가를 세워야 한다고 하였다. 그리고 이를 기초로 지구상의 인류가 평화와 행복을 누릴 수 있는 세계 평화를 실현하고자 하였다.

백범은 세계 평화를 실현하는 것이 어렵지 않다고 생각하였다. 그러면서도 남들이 이에 대해 쉽게 공감하지 않고, 우리 민족이 그러한 일을 할 수 있느냐며 이를 '공상'이라 여길 수 있다는 염려도 갖고 있었다.

내가 원하는 우리 민족의 사업은 결코 세계를 무력으로 정복하거나 경제력으로 지배하려는 것이 아니다. 오직 사랑의 문화, 평화의 문화로 우리 스스로 잘 살고 인류 전체가 의좋게 살도록 하는 일을 하자는 것이다. 어느 민족도 일찍이 그러한 일을 한 이가 없으니 그것은 공상이라고 하지 마라, 일찍이 아무도 한 자가 없길래 우리가 하자는 것이다.

백범은 세계 평화를 실현할 수 있는 길을 보았다. 그 길은 각각의 민족이 자기 민족의 정신과 문화를 발휘하는 국가를 세우고, 서로 돕는 데 있다고 하였다. 지금까지 이러한 일을 아무도 못하였다고 해서 '공상'이라 하지 말라는 것이다. 아무도 한 일이 없으니, 우리가 하자는 것이었다. 백범은 우리 민족이 그러한 일을 할 수 있다고 믿었다.

나는 우리나라가 남의 것을 모방하는 나라가 되지 말고 이러한 높고 새로운 문화의 근원이 되고 목표가 되고 모범이 되기를 원한다. 그래서 진정한 세계의 평화가 우리나라에서, 우리나라로 말미암아서 세계에 실현되기를 원한다.

백범은 세계 평화를 실현할 수 있는 길을 제시하였고, 그 일을 우리 민족이 하자고 하였다. 그 길은 높은 문화를 가진 문화국가를 건설하는 것이었다. 우리 민족이 먼저 문화국가를 건설하고, 이를 세계에 모범이 되도록 하면, 세계 평화를 실현할 수 있다고 보았다. 백범은 세계 평화가 우리나라에서 비롯되기를 원하였고, 그것이 가능하다고 믿었다.

백범은 세계 평화를 꿈꾼 지도자였다. 꿈만 가진 것이 아니라 구체적인 방안도 갖고 있었다. 그렇지만 꿈을 실현할 수 있는 배경과 힘을 갖지 못하였다. 무엇보다도 꿈을 실현할 수 있는 정치적 기반을 갖지 못하였다. 또 통일국가를 건설해야 한다는 주장에 대해서도 그랬지만, 세계평화를 실현하자는 데 대해서도 현실적이지 못하다거나 이상이라며 비판하거나 모함하는 세력들이 있었다.

백범은 이상주의자였다고 할 수 있다. 민족과 국가를 위해 일평생 이상적인 일에만 매달렸다. 독립운동도 그렇고, 자주적 통일국가 수립운동도 마찬가지였다. 독립운동을 흔히 '계란으로 바위치기'에 비유한다. 일제에 맞서 독립을 쟁취한다는 것은 현실적으로 불가능한 일이었다. 맞서 싸워야 할 대상인 일제는 동아시아를 장악하고 미국과 전쟁을 일으켜 세계제패를 노리던 강대국이었다. 현실주의적인 입장에서 보면 독립운동은 불가능한 일이고 어리석은 일이었다. 많은 지식인들이 일제에 협력하는 길로 들어선 것도 이 때문이었다.

통일국가를 수립하려는 것도 현실적으로 어려운 일이었다. 미군과 소련이 통치하고 있는 상황에서 민족의 자주적인 활로를 개척하기 어려웠다. 또 북쪽에서는 이미 정부나 다름없는 북조선임시인민위원회를 결성하였고, 남쪽에서도 단독정부 수립을 주장하고 추진하는 세력들이 있었다. 현실적으로 보면 단독정부를 수립하는 것이 현명한 길이었고, 통일국가 수립을 주장하는 것은 이상적인 길이었다. 백범은 현실적인 길을 택하지 않았다. 이상적인 통일국가 수립의 길로 나섰다.

'계란으로 바위치기'였지만, 바위는 부서졌다. 일제는 패망하고, 독립을 맞이한 것이다. 백범은 남들이 불가능하다고 여긴 독립이 이루어진 것처럼, 세계평화에 대한 꿈도 이루어질 것이라 믿었다. 남들은 세계평화를 실현하는 것이 불가능하다고, 또 우리 민족이 그런 일을 할 수 있느냐고 여겼지만, 백범은 믿었다. 남들이 하지 못한 일이었지만, 우리 민족은 그것을 해낼 수 있다고 믿은 것이다.

백범은 삶의 전부를 민족과 국가에 매달려 살았다. 그렇지만 우리 민족, 우리 국가에만 한정되지 않았다. 세계 인류를 생각하였고, "세계 인류가 네요 내요 없이 한 집이 되어 사는" 세계평화를 실현하고자 하였다. 그렇지만 백범은 이를 실현할 수 없게 되었다. 1949년 6월 26일에 흉한의 총탄에 맞아 쓰러졌기 때문이다. 백범은 자주적인 통일국가, 문화국가, 그리고 세계평화에 대한 꿈을 무덤 속으로 안고 갔다.

역사를 연구하면서, 특히 역사적 인물을 다룰 때마다 머리에 떠나지 않는 단어가 하나 있다. '손을 들어 달을 보라고 하였더니, 달은 보지 않고 달을 가리키는 손가락만 쳐다본다'는 뜻의 견지망월見指忘月이란 사자성어이다. 이 책을 마무리하는 마지막 순간까지 견지망월이 머릿속을 맴돈다. 백범의 삶도 그렇지만, 그가 추구하였던 원대한 생각이나 목표를 제대로 보지 못한 것이 아닌가 하는 걱정이 떠나지 않는다.

백범은 근현대사에서는 물론이고, 우리나라 역사에서도 특출한 인물이다. 상민 집안에서 태어나 한 국가의 행정수반인 주석에 이른 인물이라는 점에서 그렇다. 또 빈한한 가정에서 태어나 체계적인 교육을 받지 못하였지만, 독립운동과 통일운동의 대표적인 지도자로 활약하였고, 민족의 큰 스승으로 평가받고 있다는 점도 마찬가지다. 반만년 가까운 역사에서 백범과 같은 인물을 쉽게 찾아보기 어렵다.

이렇게 되기까지는 백범만이 갖고 있는 '무엇인가'가 있었다고 보아야 한다. 그 '무엇인가'에 대해서는 여러 가지로 파악할 수 있겠지만, 필자는 민족과 국가를 최고 가치로 알고 살았다는 점이 아닌가 싶다. 백범은 스스로도 언급하고 있듯이, 자신을 민족구성원의 하나, 국민의 하나로 믿고 있었다. 그리고 민족구성원의 하나로, 국민의 하나로, 민족과 국가를 위해 자신이 할 수 있는 일을 쉬지 않고 해왔다고 하였다.

민족과 국가, 이것이 백범의 삶의 전부였다. 자기 자신보다도, 가족보다도, 민족과 국가를 우선시 하는 삶을 살았다. 자신은 임시정부를 떠나지 못한다고 하면서 젖먹이 아들과 어머니를 국내로 들여보낸 것이 대표적인 예이다. 둘째 아들을 낳은 지 얼마 안 되어 부인이 죽고, 늙은 어머니가 아들을 키웠다. 어머니가 빈 젖꼭지를 물렸지만 소용이 없었다. 중국인 고아원에 갖다 두면 우유라도 먹일 것 아니냐며 고아원에 맡겼다. 어머니는 사흘을 채 넘기지 못하고 다시 데려왔다. 그러길 여러 차례 반복하였다.

견디지 못한 어머니는 백범을 불러 앉혔다. 어머니는 다른 이들은 생활 방편을 찾기 위해 모두 임시정부를 떠났는데, 아들 하나 건사하지 못하면서 임시정부만 붙들고 있느냐고 야단을 쳤다. 백범은 대꾸했다. "다른 사람들은 다 떠나도 저는 임시정부를 떠날 수 없습니다, 고향에 가면 이웃들이 굶게 내버려야 두겠습니까"라며, 어머니와 아들을 국내로 들여보냈다. 이것이 백범의 삶이었다. 가정보다도 민족과 국가에 우선적 가치를 둔 삶이 백범을 주석에 오르게 하고, 독립운동과 통일운동에서 지도자가 될 수 있게 만들었으며, 민족의 큰 스승으로 평가받게 된 요인이었다고 생각된다.

'무엇인가'의 또 하나는 머리로 산 지도자가 아니라, 가슴으로 산 지도자라는 점이 아닌가 한다. 백범은 머리로 계산하며 살지 않았다. 가슴이 시키는 대로, 가슴에서 우러나오는 삶을 살았다. 일본 육군 중위를 때려 죽인 치하포 의거는 머리로 계산하며 실행한 것이 아니다. 칼을 가진 자에게 덤비는 것은 쉽게 결행할 수 없는 일이다. 또 대가를 계산한 것도 아니었다. 국모가 비참하게 시해 당하였는데, 국민의 한 사람으로서 가만히 있을 수 없다는 가슴이 시킨 일이었다.

백범에게 많은 청년들이 모여들었던 것, 그리고 그와 함께 활동하였던 인물들 중 배신한 사람이 거의 없었던 것도 이 때문이 아닌가 한다. 임시정부 경무국장으로 활동할 때부터 백범 주위에는 많은 청년들이 모여들었고, 한인애국단을 결성하여 활동할 때는 이봉창·윤봉길·최흥식·유상근·이덕주 등 많은 청년들이 백범의 명령에 따라 살아서 돌아올 수 없는 사지死地로 뛰어들었다. 백범이 이들을 머리로 대하였다면, 또 계산하거나 이해관계로 맺어진 관계였다면, 불가능한 일이었다.

백범을 어떻게 이해할 것인가에 대한 문제, 즉 그 기준이나 잣대에 대한 문제도 있다. 현실적 관점이나 잣대를 가지고 보면, 백범을 제대로 이해할 수 없다. 백범은 현실주의자가 아니다. 이상주의자다. 백범만 그런 것이 아니라 독립운동가들 모두 이상주의자라고 할 수 있다. 독립운동은 동아시아 전체를 차지하고 미국을 침략하여 세계제패를 노리던 일제를 상대로 하고 있었다. 이러한 일제를 상대로 독립운동을 전개한다는 것은 현실적인 일이 아니었다. 독립운동을 통해 일제를 패망시키고 독립을 쟁취한다는 것은 현실적으로 보면, 불가능한 일이나 다름없었다. 현실주의자 입장에서 보면 독립운동보다는 일제에 협력하는 길이 현명한 선택이었다.

독립운동을 흔히 '계란으로 바위치기'에 비유한다. 현실적으로 보면, 계란을 가지고 바위를 부순다고 하는 것은 불가능한 일이다. 독립운동가들은 현실적으로 불가능한 일을 가능하다고 믿고 도전한 이상주의자들이었다. 이들의 이상은 실현되었다. 일제가 패망하고, 독립을 얻게 된 것이다. 일제가 패망하였을 때, 일제에 협력하였던 인사들이 공통적으로 한 말이 있다. '일본이 그렇게 빨리 패망할 줄 몰랐다'는 것이었다.

해방 후 백범이 통일정부 수립을 추진한 것도 마찬가지다. 당시 현실로 보면 통일정부를 수립한다는 것을 불가능한 일이나 다름없었다. 미군과 소련군이 한반도를 분할 점령한 상황에서 우리 민족이 자주적으로 통일정부를 수립한다는 것은 극히 어려운 일이었다. 북쪽에서는 이미 1946년 2월에 이미 정부나 다름없는 북조선임시인민위원회를 결성하였고, 남쪽에서도 남한만의 단독정부 수립을 주장하는 세력들이 있었다.

현실적으로 어렵고 불가능한 일이었지만, 백범은 통일정부 수립을 추진하고 남북협상을 제의하였다. 나라를 빼앗기고 식민 지배를 당하면서 독립운동을 하지 않았다고 생각해보자. 마찬가지로 민족이 분단되는 상황에서 통일정부를 수립하려는 노력이나 시도조차 없었다고 생각해보자. 머리로 계산하고 현실적인 길만 쫓았다고 한다면, 한민족의 역사는 수치스러운 역사가 되지 않았겠는가.

백범이 추구하였던 삶의 목표에 대한 것도 마찬가지다. 백범은 독립을 쟁취하여 문화국가를 건설하고, 세계평화를 실현하고자 하는 꿈을 갖고 있었다. 현실적인 잣대로 보면, 이는 가능한 일이 아니다. 이상적인 꿈으로 보일 것이다. 백범 자신도 모르지 않았다. 어느 민족도 아직

해 본 일이 없으니 공상적이라고 하겠지만, 우리 민족이 나서서 해 보자고 하였다. 백범은 세계평화가 우리나라에서 비롯되기를 원하였고, 그것이 가능하다고 믿었다.

　백범은 남들이 모두 불가능하다고 여긴, 계란을 가지고 바위를 부순 지도자였다. 현실적인 지도자로서는 감히 해낼 수 없는 일이었고, 머리로 계산하면 어리석기 그지없는 일이었다. 백범은 '민족'과 '국가'를 삶의 최고 가치로 여긴, 그리고 이상적이고 가슴으로 행동한 지도자였다.

1876	8월 29일(음력 7월 11일) 황해도 해주 백운방 텃골에서 김순영과 곽 낙원의 외아들로 태어남. 아명은 창암昌巖이었다.
1887	집안 어른이 갓을 못 쓰게 된 이야기를 듣고 공부를 결심함
	아버지가 선생을 데려다 글방을 차려 주어 공부함
1892	경과에 응시하여 낙방, 과거시험의 타락상을 보고 서당 공부를 포기함
	『마의상서』를 읽으며 관상공부, 마음 좋은 사람이 되기로 결심함
1893	동학에 입도, 김창수로 개명함
	동학 입도 후 수천명의 연비가 생겨 '아기접주'라는 별명을 얻음
1894	연비 명단 보고를 위해 보은으로 가서 최시형을 만남
	팔봉접주로 선봉에서 해주성을 공격하였다가 패배함
	안태훈이 보낸 밀사와 서로 공격하지 않기로 밀약을 맺음
1895	2월 신천군 청계동 안태훈에게 몸을 의탁함
	유학자 고능선을 만나 가르침을 받음
	참빗장수 김형진과 만주를 답사, 돌아오는 길에 김이언 의병에 참가, 고산리 전투에서 패함
1896	3월 치하포에서 일본군 육군중위 쓰치다를 처단함
	5월 해주옥에 투옥됨
	7월 인천감옥으로 이송됨
	10월 인천감리서에서 재판을 받고 사형을 선고받았으나 고종의 전화로 형 집행 정지됨

감옥에서 『세계역사』, 『태서신사泰西新史』 등을 읽으며 서양의 근대 학문을 접함

1898　인천감옥에서 탈옥, 삼남지방으로 도피. 대신 부모가 투옥됨

　　　마곡사에서 중이 되고 법명을 원종圓宗이라 함

1899　마곡사를 떠나 평양 영천암에서 승려 생활, 부모를 만나 환속하고 고향으로 돌아옴

1900　김두래金斗來라 변명하고 강화도로 김주경을 찾아 감

　　　탈옥을 추진했던 유완무 등을 만남. 이름을 구龜로 고치고, 자는 연상蓮上, 호는 연하蓮下라 함

1901　아버지 돌아가심

　　　여옥如玉과 약혼

1903　약혼녀 여옥 병사

　　　기독교에 입문

　　　장련공립보통학교 교원이 됨

　　　평양 예수교 강습소에서 최광옥崔光玉 만남, 그의 소개로 안신호安信浩와 약혼하였으나 곧 파혼함

　　　장련군 종상위원種桑委員이 됨

1904　최준례崔遵禮와 결혼함

1905　진남포 에버트청년회 총무자격으로 상동교회에서 열린 전국대회에 참가함

　　　전덕기·이준·이동녕 등과 을사늑약 파기 청원상소를 올리고 구국 운동을 함

1906　장련에 광진학교 세움. 서명의숙 교사

1907　양산학교 교사

1908　황해도 교육자들과 해서교육총회를 조직하고 학무총감을 맡음

1909	해서교육회 학무총감으로 각 군을 순회하며 환등회 및 강연 활동
1910	양기탁의 집에서 신민회원들과 회의를 갖고 만주에 독립운동기지를 건설하기로 함
1911	안명근사건으로 일제 헌병에 체포되어 온갖 고문을 당함 경성 지방재판소에서 징역 15년 판결받고, 서대문감옥에 이감됨
1912	일본 명치 일왕이 죽어 7년으로 감형, 이어 명치의 처가 죽어 5년으로 감형됨 왜의 민적에서 벗어나고자 이름을 구龜에서 구九로 바꿈. 호도 연하蓮下에서 백범白凡으로 고침
1914	인천감옥으로 이감되어, 인천항 축항공사에 동원됨
1915	가출옥. 아내가 교원으로 있는 안신학교로 감
1917	동산평 농장의 농감이 되어 소작인들을 계몽하고 학교를 세움
1918	장남 인仁 출생
1919	3·1운동 발발 직후 중국 상해로 망명 대한민국 임시정부의 경무국장으로 임명됨
1920	아내 최준례, 아들 인을 데리고 상해로 옴
1922	어머니 곽낙원 상해로 옴 임시정부 내무총장으로 임명 차남 신信 출생 한국노병회를 조직하고 초대 이사장을 맡음
1923	내무총장으로 국민대표회의 해산령을 내림
1924	아내 최준례 사망, 프랑스 조계 공동묘지에 안장됨
1925	어머니 곽낙원, 차남 신을 데리고 고국으로 돌아감
1926	임시정부의 행정수반인 국무령에 선출됨
1927	장남 인, 고국으로 보냄

	헌법을 개정하여 국무령제를 집단지도체제인 국무위원제로 바꿈
1928	『백범일지』 집필 시작
	미주교포들에게 편지를 보내 재정적 지원을 요청함
1929	『백범일지』 상권 탈고
	상해교민단 단장에 선출됨
1930	이동녕·안창호 등과 임시정부 옹호를 위해 한국독립당 창당
	임시정부 재무장이 됨
1931	특무활동을 목적으로 한 한인애국단 결성
1932	이봉창이 일본에서 일왕을 처단하기 위해 폭탄 투척 의거 결행
	윤봉길이 상해 홍구공원에서 거행된 전승기념 및 일왕 생일 기념식 단상에 폭탄을 투척하여 일본상해거류민단장 가와바타와 육군대장 시라카와 등을 처단하는 의거 결행
	미국인 피치 목사 집으로 피신함
	조선총독을 처단하기 위해 이덕주·유진식을 국내로 파견하였으나 사전에 피체됨
	관동군 사령관 등을 처단하기 위해 유상근·최흥식을 대련으로 파견하였으나 사전에 피체됨
	중국 각 신문에 홍구공원 폭탄사건의 주모자가 자신임을 발표함
	가흥으로 피신, 광동인이라 하고 장진구張震球·장진張震이란 이름을 사용함
1933	남경에서 장개석과 면담
1934	낙양군관학교에 한인특별반을 설치하고 군사간부를 양성함
	가흥에서 어머니와 두 아들을 9년 만에 다시 만남
	남경에서 중국중앙육군군관학교 한인학생들을 중심으로 한인특무대독립군을 조직함

1935	임시정부 폐지를 전제로 통일운동이 전개되자, 그 부당성을 지적하는 '임시의정원 제공에게 고함'을 발표함
	임시정부가 무정부상태에 빠지게되자, 가흥 남호에서 의정원 회의를 열고 국무위원을 보선하여 무정부상태를 수습함
	이동녕·이시영 등과 임시정부를 옹호하기 위해 한국국민당을 창당하고, 이사장을 맡음
1936	환갑을 맞이함
	미주교포들에게 재정적 지원에 대한 고마움을 표시하기 위해 이순신의 서해어룡동誓海魚龍動 맹산초목지盟山艸木知라는 휘호를 써 보냄
1937	중일전쟁 발발 직후, 한국국민당·한국독립당·조선혁명당 및 미주지역 단체들과 연합을 추진하여 한국광복운동단체연합회를 결성함
	남경이 함락되자, 임시정부를 이끌고 호남성 장사로 이동함
1938	남목청楠木廳에서 3당 통합문제를 논의하던 중, 이운환이 들어와 권총을 난사하여 중상을 입음(현익철은 절명. 이청천과 유동열은 경상을 입음), 상아병원에 입원하여 수술 받음
	일본군이 장사를 침공해오자, 임시정부를 이끌고 광동성 광주로 이동함
	장개석에게 임시정부의 중경 이전 요청을 위해 조성환·나태섭과 함께 중경으로 출발함
1939	광주를 거처 유주로 와 있던 임시정부를 사천성 기강으로 이동하도록 조처함
	어머니 곽낙원, 중경에 도착하여 인후염으로 돌아가심
	중경에서 좌익진영과 통일문제를 협의하고, 김원봉과 공동명의로 '동지동포에게 보내는 공개신'을 발표함
	좌우 양진영의 통일을 위해 7당통일회의를 개최함

1940	한국국민당·한국독립당·조선혁명당을 통합하여 한국독립당을 창당하고, 중앙집행위원장으로 선출됨
	중국 측에 광복군 창설을 교섭하고, 계획서인 '한국광복군편련계획대강'을 제출함
	중경의 가릉빈관에서 한국광복군총사령부성립전례식을 거행하고, 광복군을 창설함
	단일지도체제인 주석제로 헌법을 개정하고, 주석에 선출됨
1941	미국 대통령 루스벨트에게 임시정부 승인을 요청하는 공함을 보냄
	광복 후 독립국가 건설 계획으로 '대한민국건국강령'을 제정, 발표함
	미일 간에 태평양전쟁이 발발하자, 외무부장과 공동명의로 '대한민국임시정부대일선전성명서'를 발표하여 일본에 선전포고함
1942	조선의용대를 광복군에 합편하고, 김원봉을 광복군 부사령에 임명함
1943	조소앙·김규식·이청천·김원봉과 함께 장개석을 면담하고, 미국과 영국의 국제공동관리를 반대하고 전후 한국독립을 주장하여 줄 것을 요청함
	헌법 개정에 대한 갈등으로 주석을 사임하였다가 복귀함
1944	헌법을 개정하고, '대한민국임시헌장'을 제정, 공포함
	개정된 헌법에 의해 주석에 재선됨
	장개석을 면담하고 임시정부 승인을 요청함
1945	장남 인, 사망
	광복군과 미국 OSS와 협의된 '독수리작전'을 승인함
	서안의 광복군 제2지대 본부에서 미국 OSS 총책임자 도노반 소장과 국내진입작전을 추진하기로 합의함
	섬서성 주석 축소주祝紹周로부터 일제의 항복소식을 들음
	임시정부가 환국 후 추진할 당면정책 14개 조항 발표

	11월 5일 상해에 도착, 11월 23일 환국함

11월 5일 상해에 도착, 11월 23일 환국함

한국의 신탁통치를 결의한 모스크바 3상회의 결정안에 반대하여 신탁통치반대국민총동원위원회를 결성하고, 반탁운동을 전개함

1946 임시의정원을 계승한 비상국민회의를 결성하고, 남조선국민대표민주의원 총리에 선출됨

이봉창·윤봉길·백정기의 유해를 일본에서 모셔와 국민장으로 효창원에 안장함

좌우합작 7원칙 지지성명을 발표함

1947 반탁독립투쟁위원회를 결성하고, 제2차 반탁운동을 전개함

비상국민회의를 확대, 강화하여 국민의회를 조직함

인재 양성을 위해 건국실천원양성소를 설립함

국사원에서 『백범일지』 출간

1948 UN한국위원단에 통일정부 수립을 요구하는 6개항의 의견서를 제출, 통일정부 수립을 절규하는 「3천만 동포에게 읍고함」을 발표하고, 김규식과 공동으로 남북회담을 제안하는 서신을 북한에 보냄

김규식·김창숙·조소앙·조성환·조완구·홍명희와 7인 공동성명을 발표하고, 남한만의 단독정부 수립을 위한 총선거에 불참을 표명함

평양에서 개최된 남북협상에 참가, 북한의 단정수립에도 반대한다는 입장을 밝히고, 통일독립촉진회를 결성함

1949 금호동에 백범학원을 세움

염리동에 창암학원을 세움

경교장에서 안두희의 흉탄에 맞아 서거, 효창원에 안장됨

1962 대한민국건국공로훈장 중장重章에 추서됨

단행본

- 국사편찬위원회, 『대한민국임시정부자료집』, 2005~2011.
- 김구, 『백범일지』, 국사원, 1947.
- 김삼웅, 『백범 김구 평전』, 시대의 창, 2004.
- 김희곤, 『대한민국임시정부』 1(상해시기), 독립기념관 한국독립운동사연구소, 2008.
- 도진순, 『한국민족주의와 남북관계: 이승만·김구 시대의 정치사』, 서울대 출판부, 1997.
- 백범김구선생기념사업협회, 『백범 김구 – 생애와 사상』, 교문사, 1982.
- 백범김구선생전집편찬위원회, 『백범김구전집』 1~12, 대한매일신보사, 1999.
- 선우진, 『위대한 한국인: 백범 김구』, 태극출판사, 1974.
- 선우진 지음, 최기영 엮음, 『백범 선생과 함께 한 나날들』, 푸른역사, 2009.
- 손세일, 『이승만과 김구』, 일조각, 1970.
- 윤대원, 『상해시기 대한민국임시정부 연구』, 서울대학교 출판부, 2006.
- 조범래, 『김구의 생애와 독립운동』, 독립기념관 한국독립운동사연구소, 1992.
- 한상도, 『대한민국임시정부』 2(장정시기), 독립기념관 한국독립운동사연구소, 2008.
- 한시준, 『대한민국임시정부』 3(중경시기), 독립기념관 한국독립운동사연구

소, 2009.

논문

- 권오영, 「백범 김구의 청소년기 사상과 애국활동」, 『백범과 민족운동연구』 5, 2007.
- 김삼웅, 「백범 김구의 문화국가건설론」, 『백범과 민족운동연구』 1, 백범학술원, 2003.
- 김창수, 「한인애국단의 성립과 활동」, 『한국독립운동사연구』 2, 1988.
- 김희곤, 「백범 김구와 상해 임시정부」, 『백범과 민족운동연구』 1, 백범학술원, 2003.
- 도진순, 「해방 직후 김구·김규식의 국가건설론과 정치적 의미」, 『근대 국민국가와 민족문제』, 지식산업사, 1995.
- 도진순, 「1896 – 98년 김구의 聯中 의병과 치하포 사건」, 『한국사론』 38, 서울대학교 국사학과, 1997.
- 도진순, 「백범 김구의 평화통일운동, 그 연원과 생명력」, 『백범과 민족운동연구』 1, 백범학술원, 2003.
- 박태균, 「서거 60주년에 다시보는 백범 김구」, 『역사비평』 87, 2009.
- 서중석, 「김구노선의 좌절과 역사적 교훈」, 『한국현대정치사』 1, 실천문학사, 1989.
- 서중석, 「남북협상과 백범의 민족통일노선」, 『백범과 민족운동연구』 3, 2005.
- 손과지, 「상해 임시정부 시기 백범 김구와 한인교민사회」, 『백범과 민족운동연구』 5, 2007.
- 신복룡, 「대한민국임시정부와 김구」, 『한국사론』 10, 국사편찬위원회, 1981.
- 신용하, 「백범 김구와 한국노병회」, 『백범연구』 4, 1989.

- 신용하, 「백범 김구의 사상과 독립운동」, 『세계체제 변동과 현대한국』, 집문 당, 1994.
- 신용하, 「백범 김구와 한인애국단의 독립운동」, 『우송조동걸교수정년기념논 총』, 나남, 1997.
- 신용하, 「백범 김구와 한인애국단의 의열투쟁」, 『백범과 민족운동연구』 1, 백 범학술원, 2003.
- 신용하, 「열강의 한국남북분단 및 신탁통치정책과 백범 김구의 노선」, 『백범 과 민족운동연구』 3, 2005.
- 신용하, 「백범 김구의 일제 침략전쟁에 대한 독립운동 전략」, 『백범과 민족운 동연구』 5, 2007.
- 신용하, 「백범 김구의 새 민주문화국가 건설론과 세계평화론」, 『백범과 민족 운동연구』 6, 2008.
- 신용하, 「백범 김구선생의 독립운동과 대한민국」, 『백범과 민족운동연구』 8, 2010.
- 양윤모, 「《백범일지》의 성립 변천과 주변기록 검토」, 『백범과 민족운동연구』 2, 2004.
- 양윤모, 「친필본·필사본《백범일지》검토」, 『백범과 민족운동연구』 6, 2008.
- 오대록, 「해방 후 대한민국임시정부연구」, 단국대학교 대학원 박사학위논문, 2014.
- 윤병석, 「《백범일지》의 저술 간행과 위상」, 『백범과 민족운동연구』 6, 2008.
- 윤정란, 「곽낙원의 생애와 민족운동」, 『백범과 민족운동연구』 4, 2006.
- 윤정란, 「환국 전후 백범 김구의 숨은 역사」, 『백범과 민족운동연구』 7, 2009.
- 이민원, 「백범 김구의 세계관의 변화와 단발문제」, 『백범과 민족운동연구』 5, 2007.
- 이완범, 「백범 김구의 신탁통치 반대운동」, 『백범과 민족운동연구』 7, 2009.

- 이홍구, 「해방 후 백범 김구의 건국실천원양성소 설립과 운영」, 『백범과 민족 운동연구』 6, 2008.
- 장석흥, 「백범과 안중근 집안의 인연과 독립운동」, 『백범과 민족운동연구』 2, 2004.
- 정병준, 「해방 후 백범 김구의 건군구상과 광복군의 활동」, 『백범과 민족운동 연구』 6, 2008.
- 정병준, 「해방 후 백범 김구의 건국노선과 평화통일 활동」, 『백범과 민족운동 연구』 7, 2009.
- 정용욱, 「해방전후 백범 김구의 활동과 미국」, 『백범과 민족운동연구』 5, 2007.
- 정용욱, 「대한민국임시정부의 환국과 백범」, 『백범과 민족운동연구』 7, 2009.
- 조동걸, 「백범 김구의 청소년기 생활과 의병운동」, 『백범과 민족운동연구』 1, 백범학술원, 2003.
- 조범래, 「한국독립당과 백범 김구」, 『백범과 민족운동연구』 6, 2008.
- 최기영, 「백범 김구의 애국계몽운동」, 『백범과 민족운동연구』 1, 2003.
- 최혜주, 「백범 김구의 신민회 시기의 교육사상과 교육운동」, 『백범과 민족운 동연구』 5, 2007.
- 한상도, 「김구의 한인군관학교 운영과 그 입교생」, 『한국사연구』 58, 1987.
- 한상도, 「김구의 항일특무조직과 활동」, 『한국민족운동사연구』 4, 1988.
- 한상도, 「한국국민당과 김구」, 『건대사학』 9, 건국대학교 사학과, 1997.
- 한상도, 「김구의 중국육군군관학교 한인특별반 운영과 청년투사 양성」, 『백범 과 민족운동연구』 1, 2003.
- 한상도, 「광복 직전 김구와 대한민국임시정부 세력의 중국 인식」, 『백범과 민

족운동연구』4, 2006.

- 한상범, 「백범사상과 건국정신」, 『백범연구』3, 1987.
- 한시준, 「후기 임시정부의 위상 강화와 김구」, 『도산사상연구』4, 1996.
- 한시준, 「백범 김구와 중경임시정부」, 『백범과 민족운동연구』1, 2003.
- 한시준, 「백범 김구의 신국가건설론」, 『백범과 민족운동연구』3, 2005.
- 한시준, 「백범 김구와 한국광복군」, 『백범과 민족운동연구』5, 2007.
- 한시준, 「백범 김구와 한인애국단」, 『백범과 민족운동연구』10, 2013.
- 홍순옥, 「김구선생의 정치노선」, 『백범연구』1, 1985.

민족과 국가를 위해 살다 간 지도자 김 구

1판 1쇄 인쇄 2015년 12월 10일
1판 1쇄 발행 2015년 12월 20일

글쓴이   한시준
기   획   독립기념관 한국독립운동사연구소
펴낸이   윤주경
펴낸곳   역사공간
           주소: 서울특별시 마포구 동교로 142-11 플러스빌딩 3층
           전화: 02-725-8806, 팩스: 02-725-8801
           E-mail: jhs8807@hanmail.net
           등록: 2003년 7월 22일 제6-510호

ISBN 979-11-5707-074-9 03900

• 잘못된 책은 바꿔 드립니다.
• 이 도서의 국립중앙도서관 출판예정도서목록(CIP)은 서지정보유통지원시스템 홈페이지
  (http://seoji.nl.go.kr)와 국가자료공동목록시스템(http://www.nl.go.kr/kolisnet)에서
  이용하실 수 있습니다.(CIP제어번호: CIP2015034938)

역사공간이 펴내는 '한국의 독립운동가들'

독립기념관은 독립운동사 대중화를 위해 향후 10년간 100명의 독립운동가를 선정하여,
그들의 삶과 자취를 조명하는 열전을 기획하고 있다.